LIMM&NIES

Andi Fett

WaturNunder

9 Geschichten rund um Gottes gute Schöpfung

8

clv

Christliche Literatur-Verbreitung e.V.
Ravensberger Bleiche 6 · 33649 Bielefeld

1. Auflage 2018

© 2018
by CLV · Christliche Literatur-Verbreitung
Ravensberger Bleiche 6 · 33649 Bielefeld
Internet: www.clv.de

Satz & Umschlag:	A. Fett, Meinerzhagen
Umschlagfoto:	fotolia.com, © cirodelia
Druck & Bindung:	CPI books GmbH, Leck

Artikel-Nr. 256192
ISBN 978-3-86699-192-7

INHALT

LIMM
&NIES

ZUM VORLESEN
&NACHDENKEN

Einige der folgenden Kurzgeschichten findest du auch im Programm von *Radio Doppeldecker* – einer Kindersendung, die die frohe Botschaft von Jesus Christus zeitgemäß verbreiten möchte. Du findest weitere Sendungen als Podcast unter

WWW.DOPPELDECKER.INFO

Hippo-Sandalen

Von Stolzensteins Bauernhof hört man lautes Hämmern. Das Echo der Schläge dringt bis zum Schanzer Kopf herüber. Heute wird Herzog neu beschlagen. Hanna hätte es beinahe vergessen. Da muss sie unbedingt dabei sein.

Herzog ist ein mächtiger Ackergaul, der auf Theos Hof sein Gnadenbrot bekommt. Sein Leben lang war Herzog als Rückepferd im Wald beschäftigt. Das heißt: Er musste Baumstämme aus dem Stolzacher Forst ziehen.

Doch diese harte Arbeit liegt nun hinter Herzog. Heute erledigen das Baumstammrücken moderne Maschinen und Herzog hat seine wohlverdiente Altersruhe auf Theos Bauernhof.

Aber das alte, schwerfällige Kaltblut ist nicht nutzlos. Ab und zu spannt Theo ihn noch ein und hält ihn in Bewegung. Hanna liebt dieses große, gutmütige Pferd mit den Moonboot-Hufen. Herzog versteht sich auch gut mit Hannas Pony Loop. Im Winter stehen die beiden Pferde gemeinsam in Theos Stall.

Als Hanna mit ihrem Fahrrad auf dem Bauernhof ankommt, hat das Hämmern schon aufgehört. »*Hallo Theo! Och schade. Bist du schon fertig mit dem Beschlagen der Hufe? Ich hätte dir so gerne dabei zugesehen!*«, ruft Hanna in das offen stehende Tor.

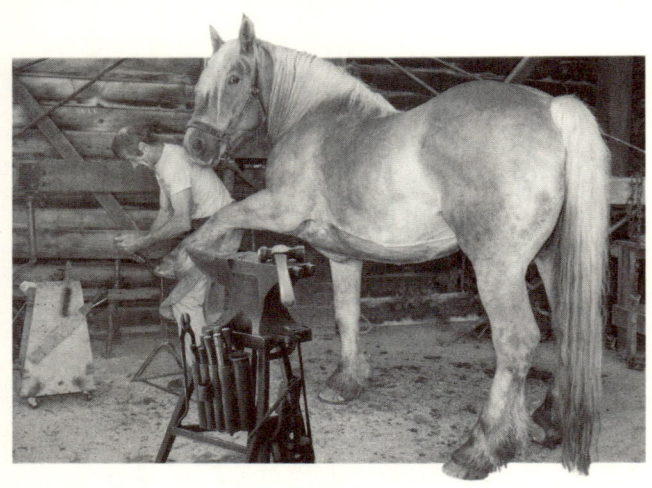

»Nein, ich bin noch nicht fertig. Ich musste nur eben mal unterbrechen, weil ich ans Telefon musste. Ich mache gleich weiter.

Bis jetzt habe ich erst die beiden Hinterhufe beschlagen. Aber du kommst gerade richtig. Herzog wurde vorhin merkwürdig unruhig. Er schnaubte und trat aus, als ich am Telefon war. Ich denke, das Hufebeschlagen macht ihn nervös. Du kannst ihn doch bestimmt etwas ablenken.«

»Nichts lieber als das!«, antwortet Hanna und beginnt mit beiden Händen Herzogs Kopf zu kraulen. Das altgediente Pferd wird tatsächlich ruhiger, aber Onkel Theo steht nur unschlüssig da …

Hanna sieht nur, wie Theo sich am Kopf kratzt und sich überall umschaut. »Was ist? Warum machst du nicht weiter? Suchst du etwas?«

»Komisch! Ich hatte die beiden Hufeisen gerade noch hier am Amboss liegen. Wie die anderen beiden auch. Ganz sicher! Siehst du? Genau hier! Jetzt sind sie plötzlich weg.«

»Bestimmt hast du sie in Gedanken woanders hingelegt«, vermutet Hanna. Aber Theo schüttelt nur den Kopf. *»Nein, das kann gar nicht sein. Die hat jemand weggenommen.«* Hanna hilft Theo bei der Suche. *»Wer kann denn zwei Hufeisen gebrauchen? Die müssen doch irgendwo liegen«*, meint Hanna.

Aber nichts! Nirgendwo sind die beiden Hufeisen zu finden. Sie suchen die ganze Schmiede ab, den ganzen Hof. Vergeblich. Weder auf der Werkbank noch im Werkzeugregal, noch auf dem Amboss ...

Jetzt ruft Theo nach seinen beiden Söhnen: *»Thomas! Alexander!«* Die beiden spielen drüben auf der Obstwiese zu zweit Fußball. Schnaufend kommen sie angerannt und fragen: *»Was ist, Papa?«* – *»Habt ihr vielleicht zwei Hufeisen weggenommen? Die lagen ganz sicher hier am Amboss auf dem Hof.«*

Fehlanzeige. Die beiden wissen von nichts. *»Komisch! Ich war doch die ganze Zeit hier«*, grübelt Theo. *»Bis auf das kurze Telefonat vorhin ... Hanna, ist dir vielleicht jemand auf der Straße entgegengekommen?«*

»Nein. Den ganzen Weg hierher ist mir niemand begegnet«, erinnert sich Hanna.

Doch da fällt ihr etwas auf: »*Hey! Schaut mal. Da hinten das Schmiede-Fenster ist nur angelehnt. Und da sieht man auch frische Fingerabdrücke am Glas. Ob da jemand eingestiegen ist?*«

»*Nö. Das kann gar nicht sein*«, meint Theo und drückt zum Beweis den staubigen Fensterflügel ganz auf. »*Siehst du, Hanna: Da kommt man nicht weit. Schau doch mal da raus.*«

Tatsächlich. Hinter dem Schmiede-Fenster liegt nur ein wildes Dorngestrüpp. Und hinter dem Dickicht beginnt sofort der steile Fels, auf dem Burg Stolzenstein steht.

»*Hm. Das ist aber alles sehr rätselhaft. Dann bleibt mir wohl nichts anderes übrig, als heute noch mal zur Genossenschaft zu fahren und zwei weitere Hufeisen zu besorgen. Echt ärgerlich. Aber Herzog kann ja nicht auf zwei Hufen barfuß laufen ...*«

Während Theo sich unwillig in sein Auto schwingt und losbraust, verwöhnt Hanna den geduldigen Ackergaul. Sie reibt seine grauen Flanken und füttert ihn mit etwas Haferschrot.

Doch plötzlich scheut Herzog wieder. Hanna schaut sich erschrocken um. Hat sich da nicht irgendetwas bewegt? Versteckt sich jemand im Schuppen? Hanna wird es unheimlich. Sie geht etwas näher an das Tor und ruft nach Thomas und Alexander.

Die beiden unterbrechen nur ungern ihr Kicken und sind entsprechend genervt. »*Was gibt's denn jetzt schon wieder?*« Mit zittriger Hand zeigt Hanna durch das offene Fenster: »*Da! Da hinten in den Dornen. Ich bin mir ziemlich sicher. Ich glaube, da liegt eine schwarze Gestalt ...*«

»*Jetzt siehst du aber Gespenster!*«, meint Thomas. »*Vielleicht ist es ja eine Elster, die die beiden Hufeisen im Schnabel davongetragen hat?*«, spottet Alex. »*Oder unser schwarzer Kater, der gerne so festes Schuhwerk wie Herzog hätte. Hähä!*«

»*Nein, im Ernst. Da liegt doch jemand ...*«, beteuert Hanna und wünschte, Onkel Theo wäre noch da. Aber da klettert Thomas schon übermütig durch das Fenster und schaut nach. »*Sei vorsichtig! Bleib lieber hier!*«, flüstert Hanna. Aber Thomas hat wohl keine Angst. Etwas gebückt krabbelt er auf das Dickicht zu.

Tatsächlich! Jetzt erschrickt auch Thomas. Tief im Gestrüpp kauert eine Gestalt auf dem überwucherten Boden. Sie trägt eine dunkle Jeans und einen schwarzen Rollkragenpullover. Die Arme sind über dem Nacken verschränkt.

Als Thomas merkt, dass der Kerl in den Dornen feststeckt, fragt er wagemutig: »*Na, wen haben wir denn da?*« – »*Äh. Entschuldigung. Ich hänge fest ...! – Ich, ich komm hier nicht mehr raus. Ich kann auch alles erklären. Es war nur eine Verkettung von ein paar dummen Zufällen.*«

»Ich tippe mal eher auf eine ›Verklettung‹ von dummen Zufällen!«, sagt Thomas. Die schwarz gekleidete Gestalt steckt wirklich in einer misslichen Lage. Der Kerl kommt weder vor noch zurück.

Neben ihm liegen die vermissten Hufeisen. Sein Fluchtversuch ist wohl in den Dornen gescheitert. Alexander holt die große Heckenschere und reicht sie seinem Bruder. Der beginnt einen Weg zu dem stecken gebliebenen Dieb freizuschneiden. Dann sagt der Fremde kleinlaut:

»Bitte keine Polizei rufen. Ich bin kein Dieb. Ich bin Marvin. Ich, ich wollte nur ...« – *»Na, was denn?«*, fragen die Stolzensteins zugleich.

»Ich wollte nichts Böses tun. Ich wollte nur rund um die alte Burgruine nach Glücksklee suchen ...« – Verwundert schauen sich die Stolzenstein-Jungs an. Meint der Kerl das ernst, oder ist das nur eine üble Ausrede? *»Warte, wir holen dich erst mal da raus.«*

Es dauert nicht lange, da können sie Marvin an den Beinen rückwärts aus dem Dickicht ziehen. Zerkratzt und mit etwas zerfetztem Pulli steht der Hufeisen-Dieb nun vor den Stolzenstein-Jungs. Er ist ungefähr so alt wie die beiden – und er scheint sich wirklich zu schämen.

»Jetzt sind wir aber wirklich gespannt auf deine Geschichte!«, sagt Hanna. – *»Also, wie gesagt, ich wollte gerade Glücksklee suchen und dann sehe ich zufällig da auf dem*

Hof die Hufeisen liegen. – Hey, wenn man zufällig auf solche Hippo-Sandalen stößt, darf man die niemals liegen lassen. Versteht ihr? Das bringt Unglück!« – »Waaas?«

»Wusstet ihr das nicht? Hufeisen darf man niemals suchen, die muss man zufällig finden. Dann bringen die richtig viel Glück – noch mehr als vierblättrige Kleeblätter. Und wenn dann auch noch alte Nägel dabei sind, dann bringen sie doppeltes Glück.

Und meine Oma hat gesagt: Wenn man so ein gefundenes Hufeisen nicht mitnehmen kann, sollte man wenigstens dreimal darauf treten. Aber da kam ja schon das Mädel mit dem Fahrrad angebraust. Ich musste die Hufeisen einfach als Glücksbringer haben …«

Thomas und Alexander schauen sich skeptisch an. *»Hä? Glücksbringer? Jetzt im Ernst? Die beiden Hufeisen haben dir ja wirklich viel Glück gebracht.«* – *»Wo kommst du eigentlich her, Marvin?«*,
will Hanna
wissen.

*»Meine
Großeltern
stehen hier am
Campingplatz mit dem Wohnmobil. Und ich bin mit denen hier in Ferien.«*

Etwas später hocken die Kinder zu viert auf der Wiese und unterhalten sich über Aberglauben. Marvin kratzt sich noch immer an den tiefen Wunden an Armen und Beinen. Nervös schaut er zu der schwarzen Katze der Stolzensteins, die gerade über den Hof spaziert.

»Marvin. Warum bist du nur so schrecklich abergläubisch? Glücksklee, Hufeisen, schwarze Katzen … aber merkst du nicht, wie ängstlich dich das alles macht?«, fragt Thomas.

»Weißt du eigentlich, wo die Dornen herkommen?«, fragt Hanna. – *»Hä? Ich vermute, weil der Bauer hinter dem Fenster nicht gemäht hat«,* antwortet Marvin. *»Nein, das meine ich nicht. Ich meine, weißt du, weshalb es überhaupt Dornen gibt?«,* setzt Hanna nach. *»Keine Ahnung!«*

Hanna erklärt es ihm: *»Dornen kamen erst hervor, als wir Menschen etwas taten, was Gott eindeutig verboten hatte. Gott sagte Adam, dem ersten Menschen im Paradies: ›Der Erdboden ist verflucht um deinetwillen. Jetzt wird er dir Dornen und Disteln sprossen lassen.‹ Das steht ganz am Anfang in der Bibel.«*

Als Marvin das hört, bleibt ihm der Mund offen stehen. *»Bibel? Wo bin ich denn hier gelandet! Glaubt ihr etwa noch an diese Märchen-Geschichten aus der Bibel?«–* *»Nein, das sind keine Märchen!«,* antwortet Alexander. *»Und an die Bibel zu glauben, finde ich übrigens viel vernünftiger, als an Hufeisen und Glücksklee zu glauben.«*

Da hören die vier jungen Leute Theos Auto kommen. Enttäuscht steigt Theo aus und sagt: *»Die Fahrt war völlig umsonst. Die hatten keine passenden Hufeisen mehr – und wenn, dann verkaufen sie die auch immer nur im Vierer-Set.«* Marvin möchte sich am liebsten sofort verstecken, als er begreift, wer da kommt.

»Wie gut, dass du nichts gekauft hast. Wir haben die vermissten Hufeisen nämlich gefunden!«, ruft Hanna. *»Was? Wo denn?«*, will Theo wissen. Dann erzählen die Jungs ihrem Vater die ganze Geschichte.

»Aber Marvin tut die ganze Aktion schon leid«, sagt Hanna. *»Er fühlt sich so ertappt wie damals Adam und Eva.«*

»Adam und Eva? Nee, lass mal«, antwortet Marvin. *»Ich glaub das alles nicht. Aber meine Oma sagte mal, wenn man ein Hufeisen quer an die Wand nagelt wie ein ›C‹, dann bringt das besonders viel Glück, weil das ja die Abkürzung für Christus ist.«* Dann steht Marvin auf und geht. *»Ich muss jetzt schnell zu meinen Großeltern.«*

Kopfschüttelnd sitzen die Stolzensteins und Hanna neben Herzog, der immer noch geduldig wartet. *»Wie kann der die Bibel ablehnen, aber so einen Blödsinn glauben?«*

»Tja, das ist wirklich traurig«, sagt Theo. *»Viele Menschen möchten sich Jesus nicht anvertrauen. Da bleibt ihnen als schwacher Ersatz nur der Aberglaube.«* ✤

Der Betonmischer-Unfall

Was passiert eigentlich mit einem Betonmischer-Lkw nach einem Unfall – oder wenn er im Stau steht? Stell dir das mal vor – den ganzen Mischer voll mit frisch angerührtem Beton, der in wenigen Stunden steinhart wird ...

Genauso ein Unfall passierte in Hessen. Der Fahrer eines Betonmischers wollte gerade eine Fuhre zur Baustelle bringen, da rammte ihn ein Audi. Der war beim Abbiegen so von der tief stehenden Sonne geblendet, dass er den entgegenkommenden Lkw übersah. Es krachte heftig. Der Pkw schob sich halb unter den Beton-Brummi.

»Ich dachte noch, der muss mich doch sehen!«, sagte der Fahrer des Betonmischers der Polizei. *»Ich habe noch scharf abgebremst, aber da hat es bereits gekracht.«* Der Audi hatte einen Totalschaden und auch der Laster blieb fahruntüchtig liegen. Was nun?

»Ich darf hier nicht so lange stehen, sonst wird der ganze Beton hart«, drängte der Lkw-Fahrer mit Blick auf seine Ladung. *»Wenn ich nicht sofort abgeschleppt werde, muss ich den ganzen Beton hier irgendwo in den Straßengraben kippen.«*

Ein verzwicktes Problem, nicht wahr? Ist der Beton nur ein wenig zu lang im Betonmischer – vor allem, wenn das Rührwerk des Lkw streikt –, wird die Ladung das ganze Auto schrotten.

———— ◆ ————

Aber Moment mal! Ist nicht jedes Huhn eigentlich auch so eine Art »Betonmischer«? Wieso läuft beim Mischen des Kalks für die harte Eierschale im Huhn nichts schief? Wieso verkalkt, verklumpt und verklebt die Legehenne nicht in ihrem Innern?

Wie genau entsteht eigentlich ein Hühnerei? Wieso macht das Eierschalen-Kalkmischwerk im Popo des Huhns keine Probleme – ganz anders als der Betonmischer, der nach dem Unfall auf der Strecke blieb? Wer schaltet den »Betonmischer« aus, wenn es zum Beispiel nachts auf der Hühnerstange schläft?

Viele gute Fragen. Um sie zu beantworten, müssen wir uns das Innere einer Legehenne mal genauer anschauen:

Jeder weibliche Vogel hat einen Eierstock – sozusagen eine Vorratskammer mit winzigen Eierchen. Dieser Eierstock sieht aus wie eine pralle Traube aus Tausenden Dotterkügelchen.

Nach und nach – im Abstand von etwa einem Tag – löst sich so ein winziges Mini-Ei aus der Traube und rutscht in den Eileiter-Trichter. Wenn das Huhn dann befruchtet wird, entsteht genau hier ein winziges Küken und die unglaubliche Reise des Dotter-Babys beginnt.

Der Eileiter-Trichter nimmt die winzige Dotterkugel vom Eierstock auf und fädelt sie in einen verschlungenen dünnen Schlauch ein, den Eileiter. Dieser Schlauch sieht etwa so aus wie eine Nabelschnur bei uns Menschen und ist beim Huhn mehr als 50 cm lang!

Der Eileiter ist also eine Art »Fließband« für rohe Eier. In diesem halben Meter Schlauch geschieht aber ganz Erstaunliches: Hier wird fast täglich ein Dotterkügelchen oder ein Dotterküken auf die Reise geschickt. Aber der Eileiter ist nicht nur ein Förderband, sondern ein einzigartiger Produktions-Abschnitt. Denn jedes Ei wird Schicht für Schicht von innen nach außen aufgebaut.

Während sich der Dotter nämlich durch diesen Schlauch zwängt, wird er nach und nach mit durchsichtigem Ei-

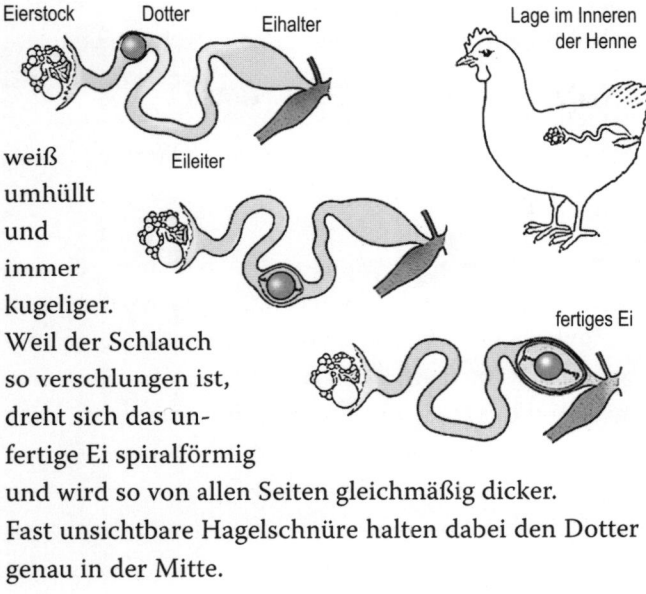

Eierstock Dotter Eihalter

Lage im Inneren der Henne

weiß
umhüllt
und
immer
kugeliger.

Eileiter

fertiges Ei

Weil der Schlauch
so verschlungen ist,
dreht sich das un-
fertige Ei spiralförmig
und wird so von allen Seiten gleichmäßig dicker.
Fast unsichtbare Hagelschnüre halten dabei den Dotter
genau in der Mitte.

Die Hagelschnüre sind also wie Anschnallgurte, die verhindern, dass der Dotter zu sehr geschüttelt wird. Was
für eine Schutzmaßnahme vom Schöpfer! Gott sorgt dafür, dass jedes Dotter-Baby noch lange vor dem Schlüpfen wie in einem sicheren Babysitz angeschnallt ist.

Das Ei nimmt immer mehr zu, bis es etwa in der Hälfte
des Eileiters angekommen ist. Dort wird in einem Eng-
pass das wabbelig-schwabbelige Etwas in eine superdün-
ne »Frischhaltefolie«, die Eihaut, verpackt.

Kannst du dir das vorstellen? Eine feine, feste Haut um-
schließt die schleimige Kugel und macht sie zu einer reiß-

17

festen Blase. Du hast bestimmt schon Bekanntschaft mit dieser Eihaut gemacht. Wenn du dir ein hart gekochtes Ei pellst, bleibt diese milchig-weiße Haut oft noch am Ei kleben. Aber diese Haut ist dennoch luftdurchlässig. Sonst würde im Inneren des Eies das zukünftige Küken ersticken.

Nur wegen dieser »Frischhaltefolie« kann man Hühnereier zwei bis drei Wochen ungekühlt lagern, ohne dass sie schlecht werden. Unglaublich! Dieses dünne, fast unsichtbare Häutchen schützt das Ei-Innere vor Austrocknung und Infektion, obwohl es luftdurchlässig ist.

Aber diese Haut ist nur die erste Verpackungsschicht für das Hühnerei. Sozusagen das »Unterhemd«. Jetzt muss aber noch ein dicker »Panzer-Pullover« darüber, der das verformbare Ei ganz fest werden lässt.

Und wie geschieht das? Im letzten Abschnitt des Eileiters gelangt die wabbelig-schwabbelige eingetütete Eiweißblase in eine Art »Betonwerk« – den Eihalter. Hier wird die Eierschale gebildet. Das noch weiche Ei wird rundherum mit Kalk verputzt – und das, ohne sich dabei zu verformen.

Diese gleichmäßige Kalk-Ummantelung dauert bis zu 20 Stunden. Aber erst in der letzten Stunde wird die Schale fest. In dieser letzten Phase entscheidet sich auch erst, ob das Huhn ein weißes oder braunes Ei legt. Denn hier wird dem Kalk die Farbe beigemischt.

Aber halt! Noch etwas Erstaunliches klappt bei jedem Ei. Am stumpfen Ende des Eies entsteht beim Umhüllen mit festem Kalk eine kleine Luftblase. Sicher kennst du diese Delle, die das Ei nach dem Pellen zeigt. Außen ist das Ei perfekt rund, innen hat es diese Delle. Dazwischen bleibt ein Luftpolster.

Nur so hat das Küken später etwas Bewegungsfreiheit und einen Aufprallschutz. Außerdem ist die feste Kalkschale keineswegs undurchdringlich, sondern mit vielen kleinen Poren durchsetzt. Wieso? Damit das ungeschlüpfte Küken durch die Schale atmen kann. Perfekt!

Die gesamte Reise vom Eierstock bis zum fertigen Ei dauert etwa 24 Stunden. Die Bildung des Eies und besonders das Legen bedeutet für jedes Huhn eine große Kraftanstrengung. Deshalb brauchen Hühner dazu Ruhe und viel kräftigende Nahrung. Es ist auch sehr wichtig, dass das Huhn ausreichend Kalk mit dem Futter aufnimmt. Sonst legt es »Windeier«. Das sind schutzlose, schalenlose Eier.

Ohne genügend Kalk durchwandert das Ei den Eihalter zu schnell und es kann sich keine Eierschale bilden. Aber was ist, wenn es zu langsam geht? Gibt es dann so ein Unglück wie bei einem Betonmischer-Unfall?

Nein! Bleibt das Ei zu lange im Eihalter, passiert kein Unglück. Das Huhn kann das Ei so lange zurückhalten, bis es einen geeigneten Ablege-Platz gefunden hat. Wenn zum Beispiel sein gewohntes Nest besetzt ist, bleibt das ungelegte Ei problemlos im Huhn stecken, ohne dass der »Betonmischer« Schaden nimmt! Wow – ganz im Gegensatz zu unserem Betonmischer-Lkw!

Erst das Licht der aufgehenden Sonne regt das Huhn dazu an, sein Ei abzulegen. Es kann passieren, dass ein Huhn an einem Tag mal kein Ei legt, weil es ständig im Dunkeln saß. Das Ei kommt dann erst am nächsten Tag. Kurz vor dem Legen ist dafür gesorgt, dass die poröse, raue Eierschale von außen noch einmal rasch »eingefettet« wird. Dann läuft das Legen wie geschmiert.

Weißt du noch, was ein »**Windei**« ist? Das sind Eier ohne schützende Kalkschale. Bei solchen Eiern war die Kalkproduktion gestört. Dies kann an einer mangelhaften Fütterung liegen. Aber noch nie hat sich ein Huhn im Inneren mit Kalk zugekleistert.

Geriffelte und raue Eier kommen schon mal vor, wenn während der letzten Stunde, also während die Schale fest wird, das Huhn gestört wird und in Unruhe gerät. Daher sagt man zu solchen Eiern auch »**Schreckeier**«.

Außerdem gibt es noch »**Knickeier**«. Das sind Eier, die einen Stoß bekamen und dadurch einen Knacks oder Risse in der Schale haben.

Wild lebende Hühner legen 50 Eier im Jahr, Legehennen bis zu 300. Jedes Ei ist etwa 70 Gramm schwer. Das bedeutet: Ein Huhn produziert pro Jahr über 20 Kilo Eier.

Kennst du den Spruch: *»Na ja, das ist auch nicht gerade ›das Gelbe vom Ei‹!«* Das bedeutet: *»Das war alles andere als perfekt.«*

Wenn ich mir allerdings die Reise eines ungelegten Hühnereies anschaue, kann ich nur sagen: *»Wow, was für ein Wunder ist jedes süße Küken oder auch jedes leckere Frühstücksei – wie ›aus dem Ei gepellt‹! Nicht zu übertreffen!«* Ich staune über den genialen Schöpfer. Er ist einzigartig, unvergleichlich – ein wunderbarer Gott!

Willst du diesen Gott nicht näher kennenlernen? Viele Menschen zucken dabei nur mit der Schulter und sagen: *»Nein, lass mal. Kein Interesse. Gott ist mir egal.«*

Genauso hat es auch Jesus Christus schon erlebt, als er uns Menschen auf Gott aufmerksam machte. Am Ende seines Lebens weint Jesus und sagt bedauernd über die Stadt Jerusalem:

»Wie oft habe ich deine Kinder versammeln wollen, wie eine Henne ihre Küken versammelt unter ihre Flügel, und ihr habt nicht gewollt!« Das steht in Matthäus 23, Vers 37.

Willst du dich nicht auf die Suche nach diesem wunderbaren Gott machen? Er hat auch deine Lebensreise bis jetzt behütet. Noch wunderbarer als die kurvenreiche Reise eines rohen Eies! ✿

Von wegen Pechvögel

Kennst du »Rabeneltern«? – Hoffentlich nicht aus deiner eigenen Familie. »Rabeneltern« sind Eltern, die sich nur schlecht um ihre Kinder kümmern. »Rabeneltern« überlassen ihre Kinder oft sich selbst. Aber stimmt der Vergleich? Sind Raben wirklich so schlechte Eltern?

In der Bibel, im Buch Hiob, Kapitel 38, Vers 41 steht: *»Wer bereitet dem Raben sein Futter, wenn seine Jungen zu Gott schreien, umherirren ohne Nahrung?«*

Diese Frage kann man leicht falsch verstehen: Schreien hungrige Rabenküken im Nest, weil ihre Eltern sich nicht um sie kümmern? – Nein!

Vielleicht ist aus diesem Bibelvers das Sprichwort »Rabeneltern« entstanden. Aber in Wirklichkeit steht hier das Gegenteil: Raben bemühen sich sehr, Futter zu finden – und Gott gibt es ihnen gern, denn in Psalm 147, Vers 9 steht, dass Gott den jungen Raben gibt, die da rufen. Dazu ein paar Beispiele:

Wenn Rabenküken aus dem Ei schlüpfen, hilft ihre Mutter ihnen dabei. Das ist im Tierreich ziemlich einmalig. Jedes Küken hat am Schnabel ein kleines Horn, den sogenannten Eizahn. Vor dem Schlüpfen ritzt es damit von innen die Schale auf – etwa dort, wo wir unser Frühstücksei aufschlagen.

Dabei muss es teilweise kopfüber arbeiten. Das ist für so ein Küken ganz schön anstrengend. Das ist der Rabenmutter aber nicht egal. Sie achtet genau auf das leise Picken und dreht das Ei immer so, dass ihr Junges bei seiner Arbeit den Kopf oben behält. Wahrscheinlich krächzt die Mama währenddessen: *»Komm schon, Kopf hoch, kleines Küken!«*

Auch das Herauskriechen aus der gesprengten Eierschale ist für die meisten Vogelkinder echt anstrengend – außer für junge Raben. Sobald die Mutter sieht, dass ihr Kleines sich kläglich abstrampelt, zieht sie es mit dem Schnabel vorsichtig aus der Hülle heraus. Die Rabenmutter ist sozusagen die Hebamme für ihr eigenes Küken.

Ist das Wetter etwas zu kühl, decken die Eltern ihre Jungen mit Nestpolstern zu. Dazu legen sie Moos oder feines Heu über die noch recht nackten Küken. An heißen Tagen machen sie es genau umgekehrt: Dann stechen die Raben mit dem Schnabel Luftlöcher in den Nestboden.

Reichen diese Lüftungsschlitze nicht aus, fliegt die Mutter zu einem Gewässer und macht eine Bauchlandung, damit sie klitschnass wird. Dann fliegt sie zurück zum Nest und schüttelt sich. Dabei erfrischt sie ihre Kinder mit einer Dusche aus ihrem Gefieder.

Kaum ein Vogel ist so gerissen und einfallsreich wie die Rabenkrähe. Selbst Jäger treffen diesen Vogel selten mit ihrem Gewehr. Sogar Fallen und Gift helfen oft nicht, ihn zu kriegen. Man hat beobachtet, dass Rabenkrähen harte Leckerbissen – zum Beispiel Muscheln, Schnecken oder Walnüsse – aus einigen Metern auf Felsen fallen lassen, um sie zu knacken.

Andere legen Nüsse auf die Straße und warten ab, bis ein Auto darübergefahren ist. Erst wenn kein Auto in Sicht ist, picken sie die geknackte Nuss auf.

Krähen lassen sich auch nicht so leicht täuschen: Nach einer kurzen Beobachtung können sie zwischen einer lebenden Person und einer harmlosen Vogelscheuche unterscheiden!

Ich las von einem Schuljungen namens Andy, der eine junge Krähe zähmte. Er hatte sie trotz erbitterten Widerstands aus ihrem Nest gestohlen und geduldig aufgezogen. Aber mach ihm das bitte nicht nach!

Raben verteidigen ihr Nest heftig gegen jeden Eindringling mit Krallen- und Schnabelhieben. Deshalb tragen Vogelforscher Plastikhelme und Schutzbrillen, wenn sie sich ihren Nestern nähern.

Andys Krähe war so geschickt, dass sie ihm auf Schritt und Tritt folgte und einige Sätze deutlich sprechen konnte. Man kann sagen, dass Krähen in ihrer Sprachbegabung fast so genial sind wie Papageien. Sie haben eine unglaubliche Fähigkeit, Wörter und kurze Sätze sprechen zu lernen.

Aber nicht nur das! Raben sind hochintelligent und sehr lernfähig. Forscher haben einen Versuch gemacht: Ein Rabe wird auf eine Stange gesetzt. Senkrecht unter ihm, für den Vogel unerreichbar, hängt an einer langen Schnur ein Stück Fleisch. Wie kann er den Köder an der Schnur dennoch ergattern?

Es gibt eine Lösung! Der Rabe muss mit dem Schnabel die Schnur ein bisschen hochziehen, sorgsam zu einer Schlaufe legen und seine Kralle daraufsetzen. Dann muss er nachfassen, ein weiteres Stück Schnur hochziehen, und so weiter. Macht er alles richtig, kommt die Beute allmählich näher und näher. Macht er einen Fehler, muss er von vorne anfangen. Aber ein Rabe schafft das!

Das Krähenmännchen kann leider nicht schön singen. Sein Ruf – ein krächzig-raues »*Krah*«, mehrmals wiederholt wie bei einer Autohupe – ist sein einfaches Liebeslied. Damit lockt er dennoch die Weibchen an.

Übrigens: Krähenmänner heiraten immer in schwarzer Kleidung – die Krähenbräute aber auch. Haben sich zwei Raben gefunden, bleiben sie sich ein Leben lang treu. Also: Von wegen Rabeneltern! Das ist heute unter uns Menschen leider nicht mehr selbstverständlich.

Nur wenige andere Vögel sind so gewitzte Nestbauer. Hast du schon mal ein Krähennest entdeckt? Die Krähe wählt sich dazu die sicheren Wipfel von großen Bäumen. Dort fertigt sie wie ein Korbflechter aus kräftigen Zweigen eine Kinderstube. Dann polstert sie das Nest mit Moos, Heu und Laub aus. Es ist fast unmöglich, eine Krähe beim Brüten zu beobachten, weil das Nest so dicht geflochten und sicher umhüllt ist.

Zwischen April und Juni legt das Weibchen vier bis sechs blassblau-grüne Eier mit dunkelbraunen Flecken. Die Jungen schlüpfen nach 20 Tagen und werden von beiden Altvögeln gefüttert. Sie haben wunderschöne blaue Augen, die erst nach einigen Monaten die normale dunkelbraune Farbe annehmen.

In den ersten Wochen sind die Krähen am gefräßigsten. Um ihre unersättliche Brut zu ernähren, durchstreifen die Rabeneltern oft zu zweit Felder und Wälder. Dabei passt normalerweise einer auf den anderen auf.

Manchmal stoßen sie auf verlassene Nester von anderen Vögeln. Dann rauben Raben die unausgebrüteten Eier. Aber wie können sie Eier transportieren, die für ihren Schnabel zu groß sind?

Nun, ganz einfach: Sie hacken ein Loch in die Schale, schieben den Unterschnabel in das Loch und packen die Schale mit dem Oberschnabel von oben. Zu Hause zerbrechen sie dann die Schale. Nun haben sie ein leckeres Rührei für ihre Jungen.

Obwohl sie also auch Nesträuber sind, sorgen Krähen auch für manches Gute. Sie beseitigen zum Beispiel sehr viel Aas. Man kann es kaum glauben, aber fast alle toten Tiere werden von Raben vertilgt.

Rabenforscher legten einmal zwei Kuhkadaver, also zwei tote Kühe, aus. Sie wollten beobachten, wer das viele Gammelfleisch entsorgen würde. Schon nach kurzer Zeit waren über 500 Raben zur Stelle und zerhackten gemeinsam die stinkenden Leichen! Man hat festgestellt, dass 90 % eines Kadavers von den schwarz gefiederten Nervensägen gefressen wird.

Manchmal sieht man sie auch als Begleiter von Wölfen oder anderen Raubtieren. Dann warten sie darauf, dass die Wölfe ein Beutetier erlegen. Danach schaffen sie es mit ihrer berüchtigten Frechheit, in Gruppen die erlegte Beute zu klauen.

Was im Wilden Westen die Geier holen, erledigen bei uns die Raben. Sie beseitigen das Aas, also die toten Tiere, oft schon, bevor sich schädliche Fliegen darin vermehrt haben.

Aber Raben fangen ebenso auch lebende Mäuse und vertilgen beträchtliche Mengen von Insekten, Engerlingen, Würmern und Schnecken.

Wenn allerdings ein Rabe stirbt und am Boden liegt, sind seine Artgenossen voller Mitgefühl – denn »*eine Krähe hackt einer anderen kein Auge aus*«. Raben finden sich sogar aus weitem Umkreis zu einer »Trauerfeier« zusam-

men. Sie kommen dann lautlos wie Fledermäuse ange-
flogen und sitzen andächtig, mit traurig hängenden Köp-
fen und krächzend in der Nähe. Nach einiger Zeit fliegen
alle bis auf das Opfer davon – und ihre »Totenwache« ist
zu Ende.

Weißt du eigentlich, was der Unterschied zwischen
einem *Raben* und einer *Krähe* ist? Nein? Nun, das ist ganz
einfach: Die größeren Vertreter nennt man *Raben*
und die kleineren Vögel *Krähen*.

———— ◆ ————

Auf den vergangenen sieben Seiten hast du das getan,
was Jesus Christus einmal seinen Jüngern geraten hat:

*»Betrachtet die Raben, dass sie nicht säen noch ernten,
die weder Vorratskammer noch Scheune haben, und Gott
ernährt sie ...«*

Ja, die Raben säen und ernten nicht – das stimmt. Kein
Rabe hat seinen eigenen Garten, aber der Vater im Himmel ernährt sie doch. So sorgt Gott für seine Schöpfung.

Und dann kommt noch ein ganz wunderschöner Satz,
mit dem der Herr Jesus auch dich meint:

»... um wie viel vorzüglicher seid ihr als die Vögel!« Dieser Vers steht im Lukas-Evangelium, Kapitel 12, Vers 24.
»... um wie viel vorzüglicher seid ihr als die Vögel! ... Und

ihr, trachtet nicht danach, was ihr essen oder was ihr trin-
ken sollt, und seid nicht in Unruhe; ... euer Vater aber
weiß, dass ihr dies nötig habt« (Lukas 12,24+29-30).

Ist das nicht wunderbar? Gott gibt nicht nur »*den jun-*
gen Raben, die da rufen«, sondern auch uns, wenn wir
ihm unsere Sorgen nennen. Du kannst jederzeit mit Gott
sprechen. Ruf ihn an – du brauchst dazu kein Telefon.
Du kannst ganz einfach beten und alles, was dich bewegt,
vor Gott aussprechen. Für Gott bist du wichtiger als die
Raben – und selbst um die kümmert er sich.

Lies zum Schluss auch noch das großartige Lob Gottes
aus Psalm 147, Vers 7-9, wo auch die Raben vorkommen:

»Stimmt dem HERRN einen Lobgesang an, singt unserem
Gott Psalmen mit der Laute! Ihm, der die Himmel mit
Wolken bedeckt, der Regen bereitet für die Erde, der Gras
sprossen lässt auf den Bergen; der dem Vieh sein Futter
gibt, den jungen Raben, die da rufen.« ✤

Blinder Passagier an Bord

Heute lest ihr von einem erschreckenden Erlebnis an Bord des Doppeldeckers. Pitt und Hanna werden mitten im Flug von einem blinden Passagier überrascht. Wie der sich wohl an Bord geschlichen hat? Na, warte ab. Also, sei auf alles gefasst.

Ein Bilderbuchtag. Ideales Flugwetter. Jeansblauer Himmel, nicht die Spur einer Wolke. Nur ein leichtes Lüftchen geht über den Schanzer Kopf – und dann sind auch noch Ferien. Wunderbar! Hanna musste zwar heute Vormittag ihrer Mutter beim Anstreichen helfen – die Klappläden an ihrem Haus waren wieder mal fällig –, aber nun sind sie fertig.

Hanna hätte sie ja lieber in einer frischeren Farbe angepinselt – zum Beispiel mint oder taubenblau –, aber ihre Mutter sagte nur: »*Nö, die bleiben wie immer: weinrot.*« Jetzt schrubbt Hanna nur noch ihre farbverschmierten Finger, und dann kann sie endlich das schöne Wetter genießen.

Für heute Nachmittag hat ihr Onkel einen Kontrollflug angesetzt. Mit Lotte, seinem kanariengelben Doppeldecker, wird Pitt die Autobahn Richtung Süden abfliegen. Wegen der Ferien und einer Brücken-Baustelle ist nämlich wieder mit einem Stau zu rechnen.

»*Hanna, möchtest du nicht mitfliegen?*«, fragt Pitt seine Nichte. »*Dann habe ich etwas Gesellschaft und zeige dir mal auf dem Rückflug den neuen Baggersee aus der Luft. Der wurde am Samstag als Badestelle eröffnet ...*«

Doch gerade in diesem Augenblick kommt Kalle am Flugplatztor vorbeigeschlendert. Er tut so gelangweilt. Ob er die beiden belauscht hat? Kalle ist ein ziemlich dickköpfiger Kerl, deshalb nennt man ihn insgeheim nur »Knallkopp«.

Kalle ist ein Feriengast. Das heißt: Seine Eltern kommen jeden Sommer zu einem Wanderurlaub nach Winkelstädt. Er ist 13 und heißt eigentlich Karl-Alfred Knopp, aber »Knallkopp« trifft die Sache schon eher. Kalle hat nicht nur einen altmodischen Namen, er ist auch sehr altklug. Er meint, überall mitreden zu können und alles besser zu wissen.

Als er von Pitts Kontrollflug hört, bettelt er inständig: »*Herr Diesel, nehmen sie MICH statt Hanna mit. Hanna kann doch jeden Tag bei Ihren Rundflügen mitfliegen. Die wohnt doch hier. Außerdem wollen meine Eltern heute eine Wanderung machen. Da hab ich überhaupt keinen Nerv drauf.*«

Kein Wunder. Kalle ist überzeugter Anti-Sportler. Er meidet körperliche Anstrengung, wo es nur geht. Aber Pitt schüttelt nur sachte den Kopf und sagt: »*Tut mir leid, Kalle. Ich darf nicht jeden x-beliebigen Passagier mitneh-*

men. Stell dir vor, es passiert etwas.« – »Jeden x-beliebigen Passagier? Das ist ja gemein von Ihnen! Dann dürften Sie ja auch Hanna nicht mitnehmen. Sie können mich nur nicht leiden. Und Sie wollen ein Christ sein?«

Puh. Das war wieder typisch Kalle Knopp – »Knallkopp« eben. »Nein, mit Hanna ist das o.k.«, entgegnet Pitt. »Sie ist meine Nichte und wir haben als Familienbetrieb eine Unfallversicherung für uns Diesels abgeschlossen.«

Aber damit gibt sich Kalle nicht geschlagen. »Ich weiß ja, dass nur zwei Personen in den Doppeldecker passen, aber ich habe da eine Idee.« Kalle bückt sich und reißt zwei Grashalme ab. Dann verbirgt er sie in seiner Hand und sagt: »Los, Hanna, wer den kürzeren zieht, muss hierbleiben.«

»Lass das, Karl-Alfred. Ich habe dir klipp und klar gesagt, dass ich dich nicht mitnehme. Und jetzt lassen wir das Thema«, entgegnet Pitt ungewohnt deutlich. »Ich kann dich nicht mitnehmen. Außerdem habe ich es bereits Hanna versprochen.«

Da lässt Kalle erbost die Grashalme fallen und haut mit geballter Faust gegen das Seitenblech des Doppeldeckers. »So ein Quatsch! Das ist doch nur eine Ausrede. Mann, hab ich 'ne Wut.« Dann stampft er eingeschnappt davon.

»Dass der nicht mal freundlich fragen konnte ...«, meint Hanna, als sie »Knallkopp« davontrotten sieht. »Warum *ist der nur so dickköpfig? Kalle ist immer nur unzufrieden.«* – Da ruft Liesel die beiden zum Mittagessen.

———— ❖ ————

Hanna verschlägt die herrliche Aussicht den Atem. Oder ist es der Gegenwind, der ihr feste ins Gesicht bläst und ihr Haar zerzaust? Pitt hätte ihr doch besser die Fliegerkappe geben sollen. Fast nimmt das umherwirbelnde Haar dem Piloten die Sicht nach vorn.

Doch davon unbeeindruckt knattert der Doppeldecker pfeilschnell durch die Lüfte. Wie das alte Flugzeug schwankt und schaukelt! Der Wind spielt in den Drahtseilen zwischen den Tragflächen wie auf einer Harfe.

Da schreit Hanna plötzlich auf: *»Ihhh, Hilfe, Pitt, eine Schlange!«* – *»Was ist los, Hanna? Eine Schlange? Meinst du eine Autoschlange auf der Autobahn?«* – *»Nein, Pitt. Da ist eine Schlange an meinem Fuß!«* – *»Waaas?«* Pitt wird es heiß und kalt. Eine Schlange? Im Flugzeug? Wie ist das denn möglich? *»Iiiieeehhh. Onkel Pitt, die kommt auf mich zu. Ich muss hier raus. Die beißt mich.«*

Pitt versucht, die Nerven zu behalten. Wie kann er nur Hanna beruhigen? Was soll er jetzt tun? Notlanden? Da unten auf der Autobahn? Viel zu gefährlich! Oder da drüben auf dem Stoppelfeld? Nein, da hängen Stromleitungen. Also, so schnell es geht zurück zum Schanzer Kopf.

Nach dem Wendemanöver ruft Pitt: *»Wie sieht die Schlange denn aus?«* – Mit angewinkelten Knien und hochgezogenen Füßen kreischt Hanna: *»Dick und fies und grau. Und ihre Zunge ist ganz schwarz.«*

Endlich kommt der Tower in Sicht. Behutsam legt Pitt den Steuerknüppel nach vorn. Jetzt nur nicht die Schlange durch ein ruckartiges Flugmanöver reizen! Gleich müsste die Landepiste kommen und jetzt die Landemarkierung. Gleich würden die Reifen aufsetzen. Hurra, die Erde hat sie wieder.

Als Lotte endlich zum Stehen kommt, beugt sich Pitt nach vorn zu Hanna und zieht sie vorsichtig aus ihrem Sitz. Da sieht er zum ersten Mal den blinden Passagier. Und das ist er tatsächlich. *»Hanna! Das ist gar keine richtige Schlange. Das ist bloß eine Blindschleiche! Vollkommen ungefährlich, aber beeindruckend schlangenähnlich.«* – Hanna zittert noch immer am ganzen Körper.

Da hören Pitt und Hanna ein böses Gekicher. Ist das nicht Kalle, der da hinter einer Regentonne am Hangar hockt?

»Das war also Kalle. Der Kerl hat uns das Reptil ins Cockpit reingelegt!«

»Jaaaa! Reingelegt, reingelegt ... hihi«, meldet sich gehässig Kalle. *»Na warte, Knallkopp«*, denkt sich Hanna und möchte am liebsten das schlangenähnliche Tier in Kalles Kragen stecken. Aber Pitt hat die Blindschleiche schon gepackt und unter einem Busch freigelassen. *»Weißt du, Hanna, die Blindschleiche ist gar nicht blind. Ihr Name kommt nicht von ›blind‹, sondern von ›blendend‹. Ihre Haut ist schimmernd silbrig. Sie blendet. Die Blindschleiche gibt vor, etwas zu sein, was sie gar nicht ist.«*

Mittlerweile hat sich Hanna ein wenig beruhigt. Onkel Pitt erzählt ihr, um sie abzulenken: *»Übrigens, Hanna: Ein berühmter Pilot, der Franzose Antoine de Saint-Exupéry hatte einmal ein ähnliches Erlebnis wie wir. Nur noch viel dramatischer.«*

———— ◆ ————

Er war allein auf einem Überlandflug – weit, weit von jeder Landebahn entfernt. Da entdeckte er, dass sich eine ausgewachsene Ratte in seinem Cockpit befand. Sie krabbelte durch eine Ritze in der Verkleidung in den Laderaum und wieder zurück.

»Wenn die Ratte jetzt eine der Leitungen oder Kabel anknabbert, dann endet mein Flug in einer Katastrophe«, dachte Saint-Exupéry. Aber was sollte er tun? Sollte er

weiterfliegen und hoffen, dass alles gut geht, oder sofort notlanden? Aber weit und breit gab es keinen geeigneten Landeplatz. Sollte er eine Bruchlandung riskieren?

Aber Saint-Exupéry tat etwas anderes: Er zog den Steuerknüppel zurück und stellte das Höhenruder auf volle Steigung. Er ließ sich von seinem Flieger steil in die Höhe tragen. Seine Maschine schraubte sich hoch und höher fast senkrecht in den Himmel. Dort oben wird die Luft nämlich immer dünner. So dünn, dass keine Ratte mehr überleben kann. Der Pilot jedoch hatte eine Atemmaske mit Sauerstoff. Aber die Ratte erstickte. Das war seine Rettung.

———— ❖ ————

»Und warum haben wir das vorhin nicht genauso gemacht, Onkel Pitt?«, will Hanna wissen. *»Sei froh, dass das Kalle nicht gehört hat. Der hätte dich noch mal ausgelacht«*, meint Onkel Pitt. *»Unser Doppeldecker kann gar nicht so hoch steigen, und außerdem haben wir keine Atemmasken.«* – *»Und Blindschleichen sind ja auch total ungefährlich …«*, ergänzt Hanna sichtlich erleichtert.

Hans-Peter Diesel hockt sich neben Hanna ins Gras und sagt: *»Das Ganze ist aber eine prima Geschichte, um uns etwas zu verdeutlichen:*

Unser Leben gleicht einem Langstreckenflug. Bei diesem Flug reisen leicht ›blinde Passagiere‹ mit, wie eine Ratte, die uns bedroht. Zum Beispiel unsere schlechten Ange-

wohnheiten, unsere Zweifel an Gott und unsere bösen Begierden. Das sind ›Ratten‹, die mit uns unterwegs sind.

Wenn wir sie bemerken, machen sie uns Angst und wir überlegen, wie wir sie nur loswerden können. Viele behalten einfach den alten Kurs bei und hoffen, dass irgendwie alles gut geht. Dabei riskieren sie einen schlimmen Absturz.

Andere wollen selbst mit dem Problem fertigwerden und suchen einen Landeplatz. Aber auch das führt nur zu Bruchlandungen.

Es gibt nur einen Weg, wie wir diese Plagegeister loswerden! Wir müssen uns nur in die Höhe tragen lassen. Verstehst du? In der Bibel steht: ›Naht euch Gott, und er wird sich euch nahen‹ (Jakobus 4,8). Wenn wir uns Gott zuwenden, dann kommt er uns entgegen und rettet uns.

Wir müssen Kurs auf Gott nehmen – mit unseren Problemen in Gottes Nähe kommen. Bei Gott sind wir sicher. Da ist unser Schutz und unsere Zuflucht. Da können ›Ratten‹ nicht bestehen. Da geht ihnen die Luft aus. Weißt du, wie man das ›Höhenruder Richtung Himmel‹ einstellt? Schau, so!« Dann faltet Pitt seine Hände und betet:

»Danke, Herr Jesus! Danke, dass wir gut von unserem Flug zurückgekommen sind. Wir loben dich, dass wir in deiner Nähe geborgen und sicher sind. Amen!« – »*Ja, Amen*«, flüstert Hanna. ✤

Petri Heil

Die folgende Zeitungsmeldung klingt unglaublich, ist aber tatsächlich so in Holland passiert. Lies es selbst:

Dicker Kabeljau verschluckte Gebiss

Von unserem Mitarbeiter Helmut Hetzel

Amsterdam. Unglaublich, aber wahr: Auf wundersame Weise hat ein 60-jähriger Niederländer sein auf hoher See verlorenes Gebiss wiederbekommen. Ein Angler fand es im Magen eines Kabeljaus.

Cor Stoop kann es immer noch nicht fassen. Er hat sein Gebiss wieder. Das hatte er am 3. September während einer Bootsfahrt auf der Nordsee verloren. Auf dieser Fahrt wurde Cor Stoop bei Windstärke neun seekrank und musste daher mehrmals die Reling aufsuchen. Beim Erbrechen verlor er den unteren Teil seines Gebisses. Es fiel in die Nordsee.

Jetzt ist es wieder da. Ein Kabeljau brachte es zurück. Unfreiwillig. Dieser Kabeljau, 19 Pfund schwer und somit ein Prachtexemplar, wurde von dem Hochseeangler Hugo Slamat gestern aus der Nordsee gefischt. Als Slamat den Kabeljau ausnahm, entdeckte er im Magen des Fisches ein Gebiss. Er informierte die lokale Radio-Station Nord-Holland, die — eigentlich mehr scherzhaft — dazu aufrief, alle Gebissträger sollten sich melden, die in der Nordsee ihre künstlichen Zähne verloren hätten. Cor Stoop hörte das zufällig, meldete sich, erhielt die Adresse des Anglers, fuhr zu ihm nach Amsterdam, begutachtete das Gebiss und sagte: »Das ist meins.« Als ihm keiner glauben wollte, setzte er es ein, und es passte perfekt.

Stell dir das mal vor: Das längst verloren geglaubte Gebiss tauchte tatsächlich wieder auf. Cor Stoop hatte es versehentlich ausgespuckt, ein Fisch hatte es versehentlich runtergeschluckt, ein Angler hatte die »dritten Zähne« versehentlich mitgefischt und ein Radiosender hatte schlussendlich den passenden Zuhörer erwischt.

Eine ähnliche Begebenheit finden wir auch in der Bibel. Allerdings geht es da nicht um ein Gebiss, sondern um ein Geldstück, das im richtigen Augenblick auftaucht. Das Ganze geschah auch nicht an der Nordsee, sondern am See Genezareth. Und nichts dabei geschah versehentlich, sondern absichtlich! Die Meldung stand auch nicht in der Zeitung, sondern du findest sie in der Bibel, im Evangelium von Matthäus, im 17. Kapitel. Damit du sie besser verstehst, will ich sie dir etwas frei nacherzählen:

——— ◆ ———

Als Jesus und seine Jünger nach Kapernaum kamen, traten die Beauftragten für die Tempelsteuer zu Petrus und fragten: »*Zahlt euer Rabbi eigentlich keine Tempelsteuer?*« – »*Doch!*«, sagte Petrus etwas voreilig.

Doch als er dann ins Haus kam, sprach Jesus ihn gleich an: »*Was meinst du, Simon, von wem erheben die Könige der Erde Zölle oder Steuern? Von ihren eigenen Söhnen oder von den anderen Leuten?*« – »*Von den anderen Leuten*«, sagte Petrus.

Da sagte Jesus zu ihm: »*Also sind die Söhne davon befreit. Damit wir sie aber nicht vor den Kopf stoßen, geh an den See und wirf die Angel aus. Öffne dem ersten Fisch, den du fängst, das Maul. Dort wirst du ein Geldstück finden. Nimm diese Münze und bezahle damit die Tempelsteuer für mich und für dich.«*

Also, wie war das? Da kamen ein paar Männer auf Petrus zu. Es waren Steuereintreiber, die die Abgaben für den Tempel in Jerusalem einsammelten. Jeder erwachsene Israelit musste einen Jahresbeitrag für den Tempel bezahlen – das war pro Kopf eine Silbermünze. Von diesem Geld wurde der Tempel instand gehalten.

Wahrscheinlich waren die Geldsammler schon bei fast allen Leuten aus Kapernaum gewesen. Alle hatten bezahlt. Bis auf Jesus und Petrus. Deshalb fragten die Männer: *»Zahlt euer Meister eigentlich keine Tempelsteuer?«* Petrus antwortete wie aus der Pistole geschossen: *»Doch! Jesus bezahlt natürlich auch.«* Aber war Petrus dabei nicht etwas vorschnell?

Er dachte sich, es wäre selbstverständlich, dass Jesus diese Abgabe auch bezahlt – genau wie alle anderen. Sollte sein großes Vorbild, Jesus Christus, nicht auch geben, was für den heiligen Tempel gebraucht wurde?

Jesus hatte das Gespräch mit den Steuereintreibern gar nicht mitbekommen. Aber als Petrus in sein Haus kam, stellte Jesus ihm eine Frage: *»Was meinst du, Petrus, von wem erheben die Könige dieser Erde Zölle und Steuern? Von ihren eigenen Söhnen oder von anderen Leuten?«*

Petrus antwortete: »*Natürlich von den anderen Leuten.*«
Daraufhin antwortete Jesus: »*Also sind die eigenen Söhne davon befreit.*«

Erst da begriff Petrus, wie schlecht er nachgedacht hatte. Der Tempel war doch das Haus Gottes – und Jesus war niemand anderes als der Sohn Gottes! ER schuldete dem Tempel gar nichts. Der Tempel gehörte ihm doch. Es war sein gutes Recht, die Zahlung der Tempelsteuer zu verweigern.

Aber Jesus verzichtete auf dieses Recht. Er wollte keinem einen Anstoß geben, also niemanden verärgern. Obwohl er sehr arm war, wollte er dennoch bezahlen. Deshalb sagte er zu Petrus ungefähr Folgendes:

»*Weißt du, was wir jetzt machen? Damit wir die Leute nicht vor den Kopf stoßen, bezahlen wir dennoch. Geh dazu an den See und wirf deine Angel aus. Öffne dem ersten Fisch, den du fängst, das Maul. Darin wirst du den passenden Geldbetrag finden. Dieses Geldstück nimm und bezahle damit die Tempelsteuer für mich und für dich.*«

Als Petrus das hörte, kratzte er sich wahrscheinlich am Kopf und zog zweifelnd die Augenbrauen zusammen. Vielleicht wollte er spontan losprudeln: »*Wie bitte? Was sagst du da? Ich habe ja schon viel Seemannsgarn gesponnen und schon viele Fische gefangen, aber noch nie einen mit einem Geldstück im Maul ...*«

Aber diesmal hielt Petrus sich zurück. Er wollte nicht wieder versagen. Stattdessen holte er seine Angelausrüstung und ging an das Ufer vom See Genezareth. Kapernaum lag nämlich direkt an dem See.

Und dann geschah was? Petrus suchte eine ruhige Stelle am Ufer des Sees und warf seine Rute aus. Der Angelhaken mit dem Köder sank in die Tiefe und Petrus wartete gespannt ab. Da, plötzlich: Die Schnur wackelte, etwas Großes zerrte an der Leine und Petrus zog und zog. Ein beachtlicher Fisch hatte angebissen.

Er holte die Schnur ein und brachte seinen Fang an Land. Atemlos öffnete Petrus das Fischmaul, um den Haken herauszudrehen. Und tatsächlich! Petrus konnte es nicht fassen. Der allererste Fisch, den er herausgezogen hatte, hielt eine blinkende Münze im Maul. Petrus nahm sie mit klopfendem Herzen an sich und brachte sie dann den Einnehmern der
Tempelsteuer.

———◆———

Noch heute kann man im See Genezareth den sogenannten »Petrus-Fisch« fangen. Das ist eine verbreitete Buntbarsch-Art, die bis zu 60 Zentimeter lang und bis zu vier Kilogramm schwer wird. Man hat diesen Fisch nach der Begebenheit mit Petrus so genannt.

Der »Petrus-Fisch« hat eine Besonderheit. Er ist ein Maulbrüter. Das heißt: Wenn die winzigen Jungen aus dem Fischlaich geschlüpft sind, finden sie im Maul der Eltern Unterschlupf. Dort in der Maulhöhle sind sie vor Fressfeinden in Sicherheit.

Wenn allerdings der Nachwuchs schon größer geworden ist und die Fischlein im Maul dem Elterntier lästig werden, hat der »Petrus-Fisch« einen ganz einfachen Trick, wie er seine Brut loswird. Er nimmt einfach einen Stein ins Maul. Dann müssen sich die Kleinen an die neue Freiheit da draußen gewöhnen, weil ihre »Kinderstube« besetzt ist.

In unserem Fall erwischte der Fisch, den Petrus angelte, aber keinen Stein, sondern ein »Zweidrachmen-Stück«. Das war eine wertvolle Münze der damaligen Zeit. Die hatte – so können wir annehmen – irgendjemand dort am See verloren. Und genau diese Münze verschluckt genau dieser Fisch und biss kurz darauf genau an Petrus' Angelhaken an.

Was für ein Zufall? Was für ein Treffer! Fast so verblüffend wie das wieder aufgetauchte Gebiss von Cor Stoop.

Nun aber ein paar Fragen, die uns Gottes Größe zeigen:

- **<u>Wie unzählig viele Fische</u> mögen an diesem Tag im See Genezareth geschwommen sein?**

Insgesamt gibt es über 20 verschiedene Fischarten im See Genezareth. Es muss Hunderttausende, wenn nicht sogar Millionen von Fischen im See gegeben haben.

- **Wie viele dieser Fische werden wohl <u>eine Münze</u> in ihrem Maul getragen haben?**

Es ist zwar nicht ganz unmöglich, aber es waren sicher nicht viele.

- **Bei welchem Fisch wird es wohl genau eine Münze <u>im Wert der Tempelsteuer</u> gewesen sein?**

Es gab damals wie heute ganz unterschiedliche Münzen, Scherflein, Drachmen, Denare … aber es war genau ein Zweidrachmen-Stück – der passende Betrag!

- **Wie wahrscheinlich ist es, dass dieser Fisch mit der passenden Münze genau in der Ufernähe herumschwimmt, <u>wo Petrus zum Angeln steht</u>?**

Das Ufer des Sees Genezareth ist über 50 km lang. Petrus stand offenbar an der exakt richtigen Stelle.

- **Wie groß ist die Chance, dass ausgerechnet dieser eine Fisch <u>an Petrus' Angelhaken</u> anbeißt?**

All diese Bedingungen sind menschlich gesprochen eine völlige Unmöglichkeit. Trotzdem hat alles das genauso stattgefunden, wie der Herr Jesus es vorausgesagt hat.

Jetzt stell dir das mal vor: Woher wusste der Herr Jesus von diesem Fisch? Und wieso hat Petrus' Angel genau diesen einen Fisch erwischt? Das alles zeigt uns die absolute Allmacht und Allwissenheit von Jesus Christus.

Und trotzdem verbirgt er in dieser Geschichte seine gewaltige Königswürde und handelt wie ein einfacher Untertan, der Steuern zahlen muss. Warum sollte er für den Tempel Steuern zahlen? Der Tempel war doch das Haus seines Vaters.

Der Herr Jesus kam in sein Eigentum – und man verlangte von ihm Eintrittsgeld! Und er bezahlte trotzdem – ohne zu murren.

Und noch eine wunderbare Art unseres Herrn zeigt uns die Geschichte mit dem Fisch: Warum schickt Jesus seinen Freund Petrus mit einer Angel los? Hätte es nicht genügt, wenn Petrus die Münze irgendwo im Straßengraben gefunden hätte?

Petrus war doch schon immer ein begeisterter Fischer. Es machte ihm sicher Freude, noch einmal angeln zu gehen!

Und so macht Jesus Christus oft aus unseren Verlegenheiten seine Gelegenheiten! Statt Petrus zurechtzuweisen, gönnt er ihm einen kleinen Angelausflug. ✹

Der Pelikan

Diesmal geht es um ein blutiges Missverständnis. Aber zum Glück handelt es sich ja nur um ein Missverständnis. Dabei geht es um das Geheimnis, warum der Pelikan zu einem Symbol der Selbstaufopferung geworden ist.

»Heiße Brühwürstchen! Wer möchte heiße Wiener, äh – Winkelstädter Würstchen?«, ruft Therese laut über den Marktplatz. *»Unterstützt den Förderverein der Realschule. Heiße Brühwürstchen!«*

Justus, der gerade vom Fußball-Training kommt, läuft das Wasser im Mund zusammen. Das wär's jetzt. Ein knackiges, leckeres, heißes Würstchen …

»Und was kostet hier eine Wurst?«, fragt Justus betont cool die beiden Mädchen, die hinter dem kleinen Marktstand stehen. *»Kannst du nicht lesen? Da steht es doch: 1 Euro, mit Brötchen«*, antwortet Isabell schnippisch. Sie kann den angeberischen Kerl nicht leiden.

Justus kramt in seiner Trainingshose, findet zwischen Schraubstollen und Kaugummis tatsächlich noch eine Münze und sagt lässig:

»Okay – sehen genießbar aus. Ich bin so gnädig. Ist ja für unsere Schule: Also – ein Würstchen – mit viel Ketchup – aber kein aufgeplatztes, verstanden!«

Isabell und Therese sehen sich kurz an und wissen, was zu tun ist. Bis jetzt ist ihnen noch nicht ein einziges Würstchen im Kochapparat geplatzt. Therese hält das halbierte Brötchen auf, während Isabell mit der Zange nach der Wurst fischt und sie behutsam ins Brötchen legt.

»Na, ist die recht so?«, fragt Isabell. Justus nickt. »Die ist euch ja gerade noch mal mit heiler Haut davongekommen«, frotzelt er verächtlich.

Während Therese den Ketchup aus der Plastikflasche quetscht, zerdrückt Isabell unbemerkt das Brötchen in ihrer Hand, bis fettiges Brühwasser aus ihren Fingern trieft. »Guten Appetit, Justus!«

Als Justus verschwunden ist, fragt Therese mit einem breiten Grinsen: »Na, hast du aus dem Brühwürstchen ein Knackwürstchen machen können?« – »Und ob! Da wird unser Kicker gleich doof gucken ...«

Einige Schritte weiter beißt Justus gerade heißhungrig in seine Wurst. Ohne dass er es bemerkt, kleckert ihm Ketchup aus dem Brötchen auf sein weißes Sport-Shirt. Er wundert sich nur, wie matschig das Würstchen ist. »Hmmm?! Komisch ...«

Da kommt ihm ein Mann mit einer Bücherkiste entgegen. Es ist Pitt, der Doppeldecker-Pilot. Justus kennt Pitt nicht näher. Aber er mag den freundlichen Piloten sehr gern, denn Pitt hat ein Herz für Jungs wie Justus.

»Na, Sportsfreund? Wie war's heute beim Training, Justus?« – »Gut!«, antwortet der Angesprochene mit vollem Mund und wundert sich, dass Pitt noch seinen Namen weiß ... »Und was machen Sie hier?«

»Sag ruhig ›du‹ zu mir. Ich bringe gerade ein paar Liederbücher zurück in die Kirche. Die hatte ich mir für meine Geburtstagsfeier ausgeliehen, damit ich mit den Gästen singen konnte. – Ach du Schreck! Justus, du blutest ja! Hast du dich beim Training verletzt?«

»Ich? Waaas?« Erschrocken schaut der Fußballer an sich herunter. Da entdeckt auch Justus den tiefroten Fleck auf seiner Brust. »Oweia. Nee, das ist keine Verletzung, das ist nur Ketchup. Hoffentlich geht das beim Waschen wieder raus. Das ist doch mein Fußballtrikot!«

Pitt kann Justus beruhigen. »Ketchup lässt sich rauswaschen. Der Fleck wird sicher spurlos verschwinden. Aber sag mal, könntest du mir bitte eben die schwere Kirchentür aufmachen ...?«

Während Pitt die Kiste mit den Liederbüchern schleppt, öffnet Justus die massive Eichentür der Kirche. »Hier drin hallt es aber feierlich«, bemerkt Justus erstaunt. Er hat noch nie die Kirche von innen gesehen. Neugierig schaut er sich in dem kühlen Raum um. Sein Blick gleitet über die Bänke und dann hinauf zur Empore. »Boah! Krass! Sogar 'ne Tribüne gibt's da oben. Wie viel passen denn hier rein? Im Stolzach-Stadion gibt's 800 Sitzplätze.«

Als Justus die Liednummern-Tafeln links und rechts vom Altarraum entdeckt, fragt er: »*Wird hier drauf der Spielstand angezeigt, oder was sind das für Zahlen?*« Da muss Pitt laut loslachen.

Justus hilft Pitt beim Liederbücher-Einräumen. Plötzlich ruft er: »*Wow! Ist das da oben, mit dem Adler, das Vereinswappen?*« Pitt weiß erst gar nicht, was Justus meint. Doch als er auch nach oben schaut, muss er schon wieder lachen. »*Das ist kein Adler – das soll ein Pelikan sein!*«

»*Ach so.*« Jetzt erkennt Justus es auch. »*Und was hat ein Pelikan mit Gott zu tun?*« – »*Tja, das ist eine gute Frage. ›Was hat ein Pelikan mit Gott zu tun?‹ Ich denke, das wissen die allerwenigsten Leute. Aber lies doch mal, was da im Bogen um den Pelikan steht*«, fordert Pitt ihn auf.

Buchstabe für Buchstabe entziffert Justus die alte Inschrift auf der weiß gekalkten Wand.

» *V I V I M U S – E X – U N O !*

Was heißt denn ›VIVIMUS EX UNO‹?«, will er daraufhin unbedingt wissen. »*Das ist Latein und heißt auf Deutsch – warte, ich versuche, es zu übersetzen: ›EX‹ heißt ›aus‹ oder ›von‹ – ›UNO‹ heißt ›eins‹ und ›VIVIMUS‹ bedeutet – äh: ›wir leben‹: Also bedeutet der Satz: ›Aus einem leben wir‹, oder: ›Wir leben von einem.‹ Schau dir das Bild einmal näher an: Siehst du, was der Pelikan gerade mit seinem Schnabel macht?*«

»Ja, der piekst sich damit in seinen eigenen Körper«, bemerkt Justus. *»Und da spritzt Blut raus in sein Nest, oder?«*

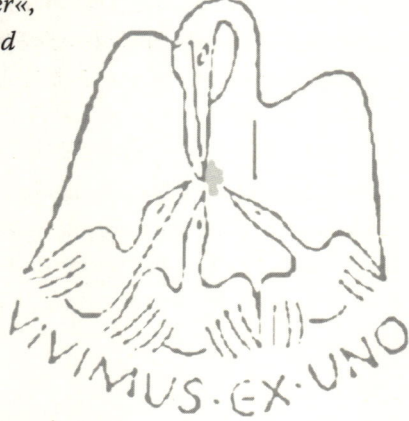

»Genau!«, sagt Pitt und erklärt weiter: *»Man dachte früher, dass der Pelikan in Dürrezeiten seine eigene Brust mit dem Schnabel verwundet, um die Jungen mit dem Blut am Leben zu erhalten, das aus dieser Wunde fließt.«*

»Ach ja, jetzt sehe ich es auch. Die Küken strecken ihre Schnäbel hoch, um zu trinken. Iiieh. – Stimmt das, dass Pelikane so etwas tun? Und woher weißt du das alles?«, fragt Justus verwundert.

»Tja, Piloten müssen nicht nur fliegen üben, sondern auch ein bisschen Fremdsprachen und Vogelkunde lernen …«

Zum Glück hat Pitt es heute nicht eilig. Er setzt sich mit Justus in die Kirchenbank und zieht seine kleine Bibel aus der Jackentasche.

»Hier, in der Bibel, steht zwar auch etwas von Pelikanen. Aber das, was da gemalt ist – die Geschichte mit dem Pelikanblut – die steht nicht in der Bibel. Mit dem Pelikan ging es den Leuten früher wahrscheinlich genauso wie mir eben mit dir!«

»Hä? Wie dir mit mir?« Justus versteht nicht, was Pitt damit meint. »Weißt du noch, auf dem Marktplatz? Auf den ersten Blick sah dein Ketchup-Fleck für mich aus wie eine Verletzung, oder? Und jetzt pass auf. Jetzt wird es spannend:

In Südosteuropa gibt es den Krauskopf-Pelikan. Der hat normalerweise ein weißgraues Gefieder. Aber in der Brutzeit bildet sich auf seiner Brust, in der Nähe des Kropfes, ein auffällig orangeroter Fleck. Dieser Halsfleck sieht aus der Ferne aus wie eine ...«

»Aaah ...«, ruft Justus, »wie eine Wunde! Als hätte sich der Pelikan verletzt!« – »Genau. Und dann passiert Folgendes. Das klingt jetzt sehr unappetitlich: Wenn Pelikane ihre Jungen füttern, würgen sie ein paar Bissen Fisch hoch, die sie gerade selbst gefressen haben. Dabei macht er so eine Kopfbewegung.«

Pitt drückt dabei seinen Kopf auf die Brust, hält die Luft an und würgt, bis er ganz rot wird. Diesmal muss Justus lauthals lachen. »Hör auf, hör auf damit! Dein Doppelkinn sieht genauso aus wie ein Pelikan-Schnabelsack ...«, prustet Justus los.

»*Aber jetzt pass auf, Justus: Dieser rote Fleck auf der Brust, zusammen mit dem Hochwürgen – woark – und manchmal noch blutiger Nahrung, die auf das Gefieder tropft ...*«

»*Alles klar!*«, sagt Justus. »*Das sieht zusammen so aus, als würde sich der Pelikan die Brust aufhacken, um für seine Jungen zu bluten.*«

»*Genau. Und weil es so aussah, als würde sich der Vogel das eigene Herz aufreißen, um seine Kinder zu retten, hat man den Pelikan schon immer sehr bewundert. Aus diesem Grund wurde der Pelikan zu einem Sinnbild. Zu einem Beispiel für opferbereite Liebe.*

Aber weißt du, es gibt einen, der hatte t a t s ä c h l i c h diese opferbereite Liebe. Das ist der Herr Jesus. Siehst du da vorn das Kreuz mit dem Mann daran? Siehst du die vielen Wunden an seinem Körper? Siehst du den roten Fleck an seiner Seite?

Das soll Jesus sein. Er hat sich mit einer Lanze in die Seite stechen lassen. Aus lauter Mitleid mit seinen Geschöpfen. Er hat nicht nur so getan, als ob, sondern er hat es wirklich getan.« – »*Wieso denn? Das verstehe ich nicht. Wieso musste der Jesus bluten*«, fragt Justus.

Pitt blättert in seiner Bibel und sagt dann: »*Schau, hier, in Matthäus 26, Vers 28 steht: ›Denn dies ist mein Blut, ... das für viele vergossen wird zur Vergebung der Sünden.‹*

Oder weiter hinten. Hier: 1. Johannes 1, Vers 7: ›... das Blut Jesu Christi, seines (nämlich: Gottes) Sohnes, reinigt uns von aller Sünde.‹«

Weißt du noch: VIVIMUS EX UNO – Von einem leben wir, von Jesus! Er hat sein Leben für dich und mich eingesetzt. Er hat sein Blut für dich und mich vergossen. Dieses Blut ist die Bezahlung für deine und meine Sünden. Es ist die Rettung für jeden, der daran glaubt.

Als Jesus dort angenagelt war, da fühlte er sich wie ein Pelikan in der Wüste. Hier, lies es: Es steht in Psalm 102:

›Ich gleiche dem Pelikan der Wüste, bin wie die Eule der Einöden. ... Den ganzen Tag verhöhnen mich meine Feinde ... denn du hast mich emporgehoben und hast mich hingeworfen. ... Mein Gott, nimm mich nicht weg in der Hälfte meiner Tage!‹

Ach, ich wünschte, du könntest verstehen, was Jesus damals getan hat. Er hat uns so lieb, dass er die Strafe für unsere Sünden ganz allein auf sich genommen hat. Er ist der Eine, von dem wir leben. Wenn du möchtest, kannst du jederzeit mit ihm sprechen. Dazu musst du nicht in einer Kirche sitzen.«

Justus schaut gedankenverloren zu dem Pelikan-Bild an der Wand. Dann schaut er noch einmal zu dem Mann an dem Kreuz. Leise sagt er: »*Pitt, ich möchte gern noch mehr davon hören ... Ich kenne diesen Jesus viel zu wenig.*« ✷

Huckepack

Diesmal erzählt der Pilot Pitt etwas über einen ganz besonderen Doppeldecker. Über ein Flugzeug, das eigentlich aus zweien besteht. Wenn du dich jetzt fragst, ob wir noch ganz dicht sind, pass mal gut auf. Wir erklären dir gleich, worum es geht. Viel Freude beim Lesen.

Pitt, der Doppeldeckerpilot, hat wieder mal Besuch auf dem Schanzer Kopf. Eric und Leni stromern durch den Hangar – seine große Flugzeughalle. Lotte, der gelbe Doppeldecker, wird von Pitt gerade für den ersten Frühjahrs-Ausflug klargemacht. Derweil bestaunen die Kinder einige Fliegerbilder an den Wänden und Hallentoren.

»Pitt, guck mal – dieses Schwarz-Weiß-Foto. Was ist das denn? Da steht drunter: ›Mistel 1 auf der Ju 88A-4‹. Das sind ja zwei Flugzeuge aufeinander! Sind die aneinander

54

festgeschraubt?« – »*Ja, du hast recht, Leni. Das Foto ist über 70 Jahre alt. Mein Großvater hat es aus dem Krieg mitgebracht*«, antwortet Pitt.

»*Echt? Aber wieso ist denn da ein kleines Flugzeug auf einem großen festmontiert?*«, will Leni wissen. – »*Das ist eine spannende Geschichte. Dieses alte Schwarz-Weiß-Foto stammt aus dem letzten Weltkrieg.*

Deutschland begann damals einen grausamen Krieg gegen viele Länder. Adolf Hitler wollte die ganze Welt erobern. Aber die Gegner wehrten sich heftig. Die deutsche Luftwaffe wurde mehr und mehr geschwächt. Täglich wurden Flugzeuge abgeschossen oder am Boden durch Bomben zerstört. Es gab kaum noch Maschinen, die den weiten Weg zur Kriegsfront schafften.

Da kam einem jungen Testpiloten die Idee: Wie wäre es, einen schwachen Flieger vom Rumpf einer starken Maschine aus starten zu lassen? So könnten die kleinen Flugzeuge weiter fliegen als bisher.

Auf der ersten Etappe würden sie huckepack mitgenommen. Sie sollten nur mit dünnen Streben am Trägerflugzeug befestigt werden. Und dann könnten sie sich kurz vor dem Einsatz aushaken. Danach sollte der obere Pilot alleine ans Ziel fliegen.«

»*Und das hat wirklich funktioniert?*«, will Eric wissen. »*Ja. Die Versuche waren erfolgversprechend. Der erste flog*

im Juli 1943. Er kam bei einem Luftangriff auf eine feind-
liche Schiffsflotte zum Einsatz. Man nannte dieses Hu-
ckepack-Flugzeug ›Mistel 1‹.«

»*Und schaffte es der kleine Flieger dann alleine wieder*
zurück?«, fragt Leni. »*Hm, ja, weil er dann seine Bom-*
benlast abgeworfen hatte und noch genügend Sprit im
Tank hatte. Aber auch für das untere, viel stärkere Flug-
zeug war der Huckepack-Flug nicht ungefährlich.

Immerhin wog die Maschine nun viel mehr als sonst. So
ein ›Mistel‹-Gespann konnte daher nur auf einer völlig
ebenen Betonpiste starten. Schon kleine Unebenheiten in
der Startbahn konnten zum Unglück führen. Stell dir vor,
was passiert wäre, wenn beim Start ein Reifen geplatzt
wäre ...

Auch das Ausklinken war ein großes Risiko. Wehe, wenn
die obere Maschine sich nicht störungsfrei löste. Dann
kamen beide Flugzeuge ins Trudeln und stürzten ab!

Insgesamt wurden mehr als 250 ›Misteln‹ im Zweiten
Weltkrieg gebaut. Aber den unaufhaltsamen Untergang
des Deutschen Reiches konnten sie nicht stoppen.«

»*Pitt, aber eins versteh ich noch nicht!*«, ging Eric dazwi-
schen. »*Warum nannte man diesen Huckepack-Flieger*
›*Mistel‹?*« – »*Nun, das ist ganz einfach zu erklären:*
Ihr habt doch sicher schon mal von der Mistel, die auf
Bäumen wächst, gehört, oder?«

»*Waaas? Nö*«, sagt Eric und zuckt mit den Schultern. »*Ich schon!*«, antwortet Leni etwas hochnäsig. »*Du kennst keine Mistel, Eric? Hast du denn noch nie ›Asterix‹-Hefte gelesen? Das sind doch die Pflanzen, die der Druide mit der Sichel von den Bäumen schneidet.*«

»*Ja, genau!*«, antwortet Pitt. »*Die Mistel hat viele Namen: Donnerbesen, Wintergrün, Hexennest … Sie ist ein fremdes Gewächs auf einem normalen Baum.*« – »*Wie groß ist denn so eine Mistel, Pitt? Kann man die sehen, wenn man unter einem Baum steht?*«

»*Aber klar! Du musst nur mal drauf achten. In vielen frei stehenden Bäumen wirst du diese grünen Bommel entdecken. Gerade im Frühjahr, wenn sie noch kein eigenes Laub haben. Ein Mistel-Strauch kann bis zu einen Meter Durchmesser haben. In manchen Bäumen finden sich fünf bis zehn davon.*« – »*Aber Pitt, wie gelangt denn die Mistel hoch oben in die Baumkronen?*«

»Eine gute Frage, Eric! Jahrhundertelang hatte man für diese geheimnisvolle Pflanze keine Erklärung. Die alten Germanen fragten sich, ob diese Bäume vielleicht verhext wären. Blieb die Mistel deshalb auch im Winter grün? Sollte sie übernatürliche Kräfte haben?

Tatsächlich hat man der Mistel Zauberkräfte nachgesagt. Abergläubische Menschen hängen daher Mistelzweige als Schutz vor bösen Geistern an die Hauswand. Die immergrünen kugeligen Bommel gaben ein scheinbar unlösbares Rätsel auf:

Kam die Mistel aus dem Nichts? Fiel sie vom Himmel? Kein Wunder, dass diese Pflanze vielen so geheimnisvoll erschien. Das konnte doch nicht mit rechten Dingen zugehen!«

»Aber jetzt hast du es uns immer noch nicht erklärt: Wie kommt die Mistel denn da hoch?«, will auch Leni wissen. *»O. k., ich verrate es euch: Die Mistel blüht von März bis April. Ihre weißen Beeren sind erst im Dezember reif und werden besonders gern von der Misteldrossel gefressen. Durch deren Mist verbreiten sich ihre Samen – daher auch der Name ›Mistel‹.«*

»Hä? Der Vogeldreck der Misteldrossel ... ist das dein Ernst, Pitt?« – »Ja, Leni. Die Mistelbeere trägt in sich einen unverdaulichen Samen. Dieser ist umgeben von einem klebrigen Schleim, ähnlich wie die glibberigen Tomaten-Kerne. Wenn der Vogel die Mistelbeere ver-

schlungen hat, kommt der Same wenig später wieder unbeschadet im Vogelmist zum Vorschein. Nicht selten bleiben diese Samen im Vogeldreck auf den Ästen kleben und können dort aufgehen.

Der Mistelkeimling auf dem Baum braucht allerdings mehr als ein Jahr, bis er den Baum anzapft. Er treibt dann seine Wurzel wie einen Korkenzieher – den sogenannten ›Senker‹ – in den Baum und ernährt sich ab jetzt von dessen Wasser und Mineralstoffen. Er lebt also als Schmarotzer, als ein Parasit.

Misteln wachsen sehr langsam. Ein Zweig wächst in einem Jahr ungefähr einen Zentimeter. Die Mistelsträucher, die zu Weihnachten aufgehängt werden, sind also schon acht bis zehn Jahre alt. Misteln können so alt wie wir Menschen werden.

Aber wisst ihr was? Es gibt auch ›Misteln‹ unter uns Menschen! Kennt ihr die Geschichte von Abraham und Lot? Die waren auch so ein Gespann wie die ›Mistel 1‹ auf der Ju 88A-4.« – »Versteh ich nicht!«, entgegnet Eric. »*Erklär mal, was du damit meinst.*«

»*Gerne! Also, das war so: Lot zog mit seinem Onkel Abraham umher. Der war für ihn aber viel mehr als nur ein Onkel. Er war sein Ersatzvater. Sein Papa war nämlich schon früh gestorben. Und Lot war für Abraham wie ein Sohn, denn Abraham und Sara hatten noch keine eigenen Kinder.*

Als Gott Abraham den Auftrag gab, in ein anderes Land zu ziehen, machte Lot das Abenteuer mit. Ob das Unbekannte den jungen Mann reizte? Jedenfalls schloss er sich seinem Onkel an.

Er ließ auch alles zurück: den Luxus, die Zivilisation der Stadt Ur. Denn Abrahams Glaube war ansteckend. In seiner Nähe fiel Lot der Glaube an Gott leicht. Er saß sozusagen huckepack auf dem Glauben seines Onkels.

Oder wie die Mistel: Lot war ein schwaches Pflänzchen auf dem starken Baum namens Abraham. Lot bekam seinen Glaubens-Saft von jemand anderem – und nicht aus seinen eigenen Wurzeln.«

———— ◆ ————

Kennst du auch solche Menschen? Leute, die nur von dem Glauben anderer leben? Von Lot lesen wir immer wieder in der Bibel. Zum Beispiel in 1. Mose, Kapitel 12 und 13:

*»Und Abram ging hin, wie der HERR zu ihm geredet hatte, und Lot **ging mit ihm** ...«* – Oder: *»Und Abram zog herauf aus Ägypten, ... und alles, was er hatte, und Lot **mit ihm** ...«* Lot ging mit, aber er war nur äußerlich dabei.

Lot war nur ein Anhängsel wie eine »Mistel«. Er lebte von Abrahams Glauben an Gott wie ein Trittbrettfahrer.

Er lief immer nur im Windschatten seines Onkels. »*Wenn ich mit Abraham zusammen bin, fällt es mir leicht zu glauben*«, dachte sich Lot wahrscheinlich.

»Der schleppt mich mit! Das trägt mich durch.« Lots Glaube war komplett von Abraham abhängig.

So ist es leider auch bei der echten Mistel. Sie hat keine eigene Keimkraft: Man kann ihren Samen nicht in die Erde aussäen! Da geht sie ein. Die Mistel kann nur auf einem lebenden Gehölz gedeihen.

Sie saugt sich die Nährstoffe aus dem Baum, auf dem sie sitzt. Sie lebt also nur von vorverdauten Holzsäften.

Kennst du den zentralen Vers in der Bibel? Schlage sie mal genau in der Mitte auf. Dann landest du im Buch der Psalmen. Jemand hat mal ausgezählt, welcher Vers genau in der Mitte der Bibel steht. Es ist Psalm 118, Vers 8. Da steht: *»Es ist besser, bei dem HERRN Zuflucht zu suchen, als sich auf den Menschen zu verlassen.«* Mit anderen Worten: *»Auf Gott zu vertrauen, ist besser, als auf Menschen zu bauen.«*

Verlass dich nicht auf Menschen, sondern vertraue ganz allein auf Gott. Er wird dich nie im Stich lassen – das hat er versprochen. »*Was er zusagt, das hält er gewiss*« (Psalm 33,4; Lutherbibel). ⌘

Lebendig begraben!

Was ist das? Es hat weder Augen noch Ohren, noch eine Lunge – und lebt doch. Statt Füßen hat es winzige Borsten mit Widerhaken. Es ist glitschig und windet sich. Es ist dunkelrosa, fingerlang und makkaronidick. Dieses Tier frisst jeden Tag so viel, wie es selber wiegt. Du brauchst nur einen dicken Stein oder altes Laub umzudrehen – und schon entdeckst du es. Na, was ist das?

Na klar, der Regenwurm! Unter einem Quadratmeter Wiese können, je nach Bodenart, zwischen 100 und 400 Regenwürmer leben! Und die vertragen sich prima untereinander. Bei uns Menschen gäbe es bei so einem Gedränge sofort Streit.

Regenwürmer schieben beim Graben nicht die Erde zur Seite, sondern sie verschlucken sie und fressen sich dabei einen Gang. Ja, der Regenwurm »beißt sich so durch« und es macht ihm scheinbar nichts aus, dass er »lebendig begraben« ist. Wir Menschen bekämen da Platzangst.

Die Gänge, die er sich frisst, werden beim Durchkriechen mit Kot und Schleim austapeziert. Nachdem diese schmierige Tapete getrocknet ist, bleibt die dünne Röhre ziemlich stabil.

Der alte Grieche Aristoteles (384–322 v. Chr.) nannte die Regenwürmer »*die Eingeweide der Erde*«. Und damit hat er auch recht. Denn Regenwürmer »verdauen« nämlich das Erdreich, das sie durchgraben, und machen es dabei fruchtbarer.

Woher haben Regenwürmer ihren Namen? Weil sie bei Regen aus der Erde kriechen und nur dann an der Oberfläche erscheinen?

Nein, das ist ein Irrtum. Im 17. Jahrhundert nannte man ihn *»den regen Wurm«* – weil er sich ständig regt. *»Sich regen«* heißt, immer beschäftigt und in Bewegung zu sein. Und das stimmt auch. Der Regenwurm ist wirklich ein »Reger-Wurm« – ein wimmelndes Würmchen.

Schon im ersten Kapitel der Bibel steht geschrieben:

»Und Gott sprach: Die Erde bringe lebendige Wesen nach ihrer Art hervor: Vieh und Gewürm und Tiere der Erde nach ihrer Art! Und es wurde so. Und Gott machte ... alles, was sich auf dem Erdboden regt, nach seiner Art. Und Gott sah, dass es gut war.« (1. Mose 1,24-25)

Und auch der Regenwurm wurde gut erschaffen. Leider haben das viele Menschen missachtet. Früher ging man davon aus, dass der Regenwurm ein Schädling sei.

Vor 200 Jahren stand zum Beispiel in einem Gartenbuch, dass man Regenwürmer im Garten besser vernichten soll. Man nahm damals an, dass die Regenwürmer die Wurzeln der Pflanzen anbeißen würden.

Warum sind Regenwürmer denn so nützlich? Die bohren doch nur Löcher in die Erde …

Fast! Aber genau das ist der Grund! Bei ihrer Wühlarbeit durchziehen die Regenwürmer den Boden mit vielen Röhren und Gängen. Dadurch lockern sie die Erde auf und der Boden wird wie ein Schwamm, der viel Luft und Wasser speichern kann.

In den Regenwurm-Röhren haben Pflanzenwurzeln leichtes Spiel, nach unten zu wachsen und an bessere Nahrung zu gelangen. Außerdem vermischen Regenwürmer die Erdschichten und die Mineralstoffe darin.

Nachts ziehen Regenwürmer welke Blätter und Grashalme in ihre Gänge und helfen so, dass sich abgestorbene Pflanzenteile zersetzen.

Der Regenwurm frisst außer Pflanzenresten fast nur Erde. Von den Nährstoffen im Boden lebt er. Er verschlingt aber auch Kaffeesatz, Eierkartons und Bananenschalen. Deshalb ist er ein willkommener Besucher im Komposthaufen.

Was er frisst, kommt in Form von kleinen Klümpchen wieder hinter ihm zum Vorschein. Der Erdboden wird durch ihn viel humushaltiger. Humus ist besonders fruchtbare Erde. Ein Regenwurm produziert 200 Gramm Humus im Jahr, das entspricht 2 Tafeln Schokolade. Ein einziger Regenwurm kann in seinem Leben weit über

1 Kilo Humus produzieren. Regenwürmer sind also sehr nützliche Gesellen, die uns tatsächlich dabei unterstützen, dass unsere Böden fruchtbar und gesund bleiben.

Wie kann sich ein glatter, schmieriger Regenwurm fortbewegen, ohne auszurutschen?

Das ist eine gute Frage! Um sie zu beantworten, musst du dir mal einen Regenwurm schnappen und mit dem Finger vorsichtig an seiner Bauchseite entlangstreichen. Mit etwas Fingerspitzengefühl wirst du da winzige Borsten ertasten. Und genau das ist die Lösung der Frage.

An jedem Körperring haben unsere Regenwürmer winzige Borsten, mit denen sich der Körper fortbewegen kann. Die Borsten können ein- und ausgefahren werden, und so finden sie im Boden sicheren Halt.

Kann man sie deshalb nur so schwer aus ihrem Loch herausziehen?

Genau! Wenn du den Regenwurm aus seinem Loch ziehen willst, krallt er sich mit seinen winzigen Borsten-Füßen fest und spannt seine Muskeln an. Dabei ist er so beweglich, dass er flink wie ein Gummiband in seine Höhle zurückschnellen kann.

Stimmt es, dass Regenwürmer keine Augen haben und kein Licht vertragen?

Ja, das ist richtig. Aber vor allem am Vorder- und Hinterende besitzen die Regenwürmer einige Licht-Sinneszellen. Damit können sie etwas hell und dunkel unterscheiden. Vielleicht so wie du mit geschlossenen Augen. Aber volles Tageslicht tötet sie. Und Regenwürmer trocknen an der freien Luft sehr schnell aus. Deshalb sei so nett: Wenn du einen Regenwurm an der Erdoberfläche siehst, nimm ihn und bedecke ihn mit Erde.

Wie alt kann denn ein Regenwurm werden?

Regenwürmer sind ihren Feinden wehrlos ausgeliefert. Deshalb werden viele von ihnen nicht alt. Maulwürfe, Vögel, Kröten und sogar räuberische Käfer verschlingen viele von ihnen. Im Durchschnitt wird ein Regenwurm zwei Jahre alt. Im Labor hat es einigen aber schon so gut gefallen, dass sie es über 10 Jahre ausgehalten haben.

Wie überleben Regenwürmer im Winter den Frost und im Sommer die Hitze?

Im Winter und in der Sommerhitze sind die Regenwürmer plötzlich verschwunden. In dieser Zeit liegen sie zusammengeknäuelt in einer feuchten Höhlung auf der faulen Haut. Zum Winterschlaf kriechen Regenwürmer in tiefere Erdschichten, wo ihnen der Bodenfrost nichts anhaben kann. Dort unten sammeln sich Hunderte Kameraden. Zusammen ballen sie sich zu einem apfelgroßen Knäuel zusammen. Mit diesem Trick verhindern die Würmer, dass ihre schleimig-kühle Haut austrocknet oder einfriert.

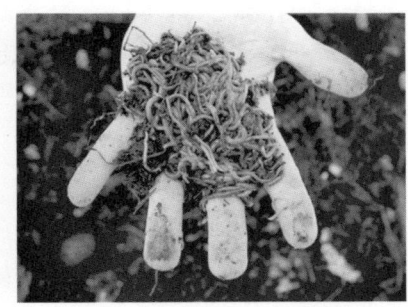

Stimmt es,
dass man einen Regenwurm in der Mitte durch-
reißen kann und dann zwei neue Regenwürmer
entstehen?

Nein, das ist ein Märchen. Die falsche Vorstellung kommt bestimmt daher, dass nach so einer Quälerei beide Hälften zappeln und davonkriechen. Aber das Hinterteil muss bald absterben. Nach so einer schlimmen Verletzung – bis das Hinterende wieder nachwächst – muss der Wurm sich lange erholen. Das nachgewachsene Hinterteil ist dann aber nicht mehr so dick wie das Vorder-Ende. So ein durchtrennter und verheilter Wurm lässt sich also leicht erkennen. Aber ist das nicht unglaublich? Der Regenwurm kann sein verloren gegangenes Körperteil ersetzen! Wenn wir Menschen das auch könnten ... Stell dir vor: Einem Schreiner würde der abgeschnittene Finger wieder nachwachsen ...

Merken Regenwürmer, wenn ich über die Erde laufe?

Aber ja! Sie reagieren schon auf ganz leichte Erschütterungen mit sofortiger Flucht. Wenn du mit dem Fahrrad über Wiesen bretterst oder dort herumtobst, verschwinden sie sicherheitshalber nach unten.

———— ❖ ————

In der Bibel lesen wir von einem merkwürdigen Vergleich. Dort fragt Bildad, ein Freund von Hiob:

»Und wie könnte ein Mensch gerecht sein vor Gott, und wie könnte ein von einer Frau Geborener rein sein? Siehe, sogar der Mond scheint nicht hell, und die Sterne sind nicht rein in seinen Augen: wie viel weniger der Mensch, der Wurm ...!« (Hiob 25,4-6)

Keiner von uns kann vor Gott glänzen! Niemand steht vor ihm gut da. Nicht einmal die glitzernden Sterne sind rein in Gottes Augen.

Wenn schon diese herrlich strahlenden Himmelskörper vor Gott so unvollkommen scheinen, wie sollten wir schwachen Menschen vor Gott glänzen können?

Vor Gott sind wir alle wie Würmer, die die Finsternis lieben, die das Licht lieber meiden und die Sonne nicht ertragen. Verglichen mit Gott sind wir *»elende Würmer«*. Gott ist so erhaben, so herrlich, so rein, so hoch für uns, dass wir uns vor ihm verkriechen müssten – wie ein Regenwurm vor der Sonne. Tatsächlich sind wir im Vergleich zu Gott nur winzige Würmchen.

Trotzdem hat Gott uns so unglaublich lieb, dass er sich zu uns herabbeugt und sich unser annimmt. Kannst du das verstehen? Würdest du dir einen Regenwurm als Freund aussuchen und dich Tag und Nacht um ihn kümmern wollen? Gott tut das mit uns!

Aber nun kommt ein noch viel unglaublicherer Vergleich aus der Bibel. Wir lesen ihn in den Psalmen, in Psalm 22. Dort betet einer:

»Mein Gott, mein Gott, warum hast du mich verlassen? Mein Gott! Ich rufe ..., und du antwortest nicht ... Doch du bist heilig ... Ich aber bin ein Wurm und kein Mann, der Menschen Hohn und der vom Volk Verachtete.«

Hast du die Worte der ersten Zeile dieses Abschnitts schon einmal gehört? – Ja! Diese Worte hat Jesus Christus am Kreuz gebetet. (Du kannst es in Markus 15,34 nachlesen.)

Er wurde dort von uns Menschen erniedrigt und beleidigt. Man hat ihn dort angespuckt und gequält. Seine Hände und Füße waren festgenagelt.

Ja, er, der Herrlichste, Reinste, Schönste und Erhabenste, den es je gab, wurde dort wie ein elender Wurm behandelt. Dabei war er doch Gottes Sohn, viel herrlicher als wir Menschen. Wie ist das möglich? Warum musste Jesus, der unschuldige Sohn Gottes, so schlimm leiden?

Die Antwort kann eigentlich jedes Kind verstehen: Jesus Christus hat mit dir den Platz getauscht! Er hat sein herrliches Zuhause, den Himmel, verlassen, um zu uns auf die Erde zu kommen. Er wurde so klein wie du und ich.

Er hat uns so lieb, dass er zu uns kam und für uns starb. Alle unsere Sünden hat er auf sich genommen. Weil in unserem Leben »der Wurm drin war«.

Man legte ihn nach seinem Tod in eine finstere Höhle irgendwo in einem Garten – wie einen Wurm. Aber er ist nach drei Tagen auferstanden und bekam seine Herrlichkeit zurück.

**Hast du schon einmal darüber nachgedacht,
dass du kleiner »Wurm« Gott wichtig bist?**

**Hast du jemals Gott dafür gedankt,
dass er dich, trotz seiner Größe, so lieb hat?**

**Hast du schon Jesus Christus dafür gedankt,
dass er sich so sehr erniedrigt hat?**

Wenn dir der nächste Regenwurm begegnet, denke mal darüber nach … ✖

Das Mäuse-Klavier

Eine Mäusefamilie findet Quartier in einem Klavier. Die Familienmitglieder freuen sich, wenn ab und zu ihr Haus von Klaviermusik erzittert. Aber sie können sich gar nicht erklären, wo diese wunderschöne Musik herkommt ...

Es war einmal eine Mäusefamilie. Die fand ihr Zuhause in einem herrlichen, alten Klavier. Ein winziges Loch neben den Klavier-Pedalen diente ihnen als Haustür. Im immer staubig-schummrigen Klavierkasten hatten sie es sich gemütlich eingerichtet.

In einer Ecke, eingekuschelt in zerfetztes Notenpapier, konnten sie Zuflucht finden und ungestört ihre Nachtruhe halten. Wer sollte ihnen hier gefährlich werden?

Die ganze Mäusefamilie war gerade eingeschlafen. Es war mucksmäuschenstill, da wurden alle plötzlich von einem Getöse aus ihrem süßen Schlaf aufgeschreckt.

Ihr schönes neues Zuhause vibrierte und bebte. Du kannst es dir sicher schon denken. Es war Klaviermusik. Die Mäuschen spitzten ihre rosa-grauen Ohren und waren ganz hingerissen. So etwas Schönes hatten sie noch nie gehört. Da sagte die Mäusemutter:

»O wie herrlich! Wie angenehm, hier zu leben – bei der wunderbaren Musik! Wir haben hier in dem schwarzen

Kasten eine ganz besondere Wohnung gefunden.« Bald waren sie alle wieder eingeschlafen.

So ging das eine ganze Zeit. Die Mäusefamilie war glücklich in ihrem neuen Quartier. Immer mal wieder, meistens am Abend, wurde die Mäusefamilie von wunderbarer Musik überrascht. Sie alle fanden es einfach herrlich. So richtig zum Genießen. Doch eines Tages fragte das kleinste Mäuschen:

»Mama, woher kommt eigentlich die schöne Musik?« – Die Mäusemutter zuckte nur mit den Schultern. Sie wusste es wirklich nicht. Da fragte das Mäusekind: *»Papa, weißt du vielleicht, woher die schöne Musik kommt?«*

Aber auch der Papa wusste darauf keine Antwort. Er strich sich nur nachdenklich über seine langen Barthaare und rieb sich das Kinn und sagte: *»Du kannst ja vielleicht Fragen stellen …«* Da sagte die steinalte, grauweiße Mäuseoma: *»Ich habe einmal gehört, dass es Klavierspieler gibt.«*

»Hä? Aber das sind wir doch. Wir spielen doch immer hier unten im Klavier«, meinte das Mäuschen. *»Ja, Fangen und Verstecken …«*, ergänzte ein anderes.

»Nein, ich meine andere Klavierspieler, aber ich weiß das leider auch nicht so genau. Aber dieser Klavierspieler ist es, der die wunderbare Musik macht.«

»Wie soll denn der Klavierspieler aussehen? So ähnlich wie wir Mäuse? Oder größer? So wie eine Ratte?«

»Ach Mäuschen. Wie sollte denn eine Maus so schöne Musik machen? Nein, ein Klavierspieler ist ganz, ganz anders. Er ist viel größer und viel, viel klüger als wir.«

Da sagte das größte Mäusekind: »Das ist bestimmt eine Mäuse-Legende aus uralter Zeit! Oder hast du schon einmal einen Klavierspieler gesehen, Oma?«

»Nein, das zwar nicht. Doch ich bin fest davon überzeugt, dass da einer ist, den man zwar nicht sieht, aber doch hören kann. Wie man sagt, soll er auch gar nicht weit weg sein.«

Das kleine Mäuschen gab sich mit dieser Antwort zufrieden, doch das größere Mäusekind sagte, als das nächste Mal die Musik ertönte:

»Eigentlich müsste man mal der Sache genauer auf den Grund gehen. Das müsste doch herauszufinden sein, was es mit dieser Musik auf sich hat!«

Da piepste der Papa mit geheimnisvoller Stimme: *»Mir kommt da gerade ein Gedanke: Ich werde unser Klavier mal genauer erkunden. Vielleicht komme ich dann ja dahinter, wo die Musik herkommt.«*

Und so wagte sich der Mäuserich in einem mühevollen und gewagten Aufstieg ganz weit nach oben in das Klavier. Die Mäusefamilie unten im Nest machte sich schon Sorgen, weil er völlig ihren Blicken entschwand und so lange wegblieb.

Erst spät am Abend kam er wieder; ganz eingestaubt und voller Spinnweben um die Mäuseohren.

»*So, Kinder. Ich habe etwas Sonderbares entdeckt. Jetzt ist das Geheimnis gelüftet: Wisst ihr, was ich entdeckt habe?*«

Mit weit aufgerissenen Kulleraugen standen die Mäuschen vor ihrem Papa und schüttelten ihre Köpfchen.

»*Passt auf. Ich hätte beinahe den Aufstieg nicht geschafft. Es ist dort oben nämlich ganz, ganz dunkel. Aber dann konnte ich doch etwas erkennen.*

In schwindelnder Höhe, bestimmt fünfzig Mäusemännchen hoch, hängt ein Gewirr von Kabeln. Es sind ganz, ganz, ganz viele Metalldrähte. Manche sind so dünn wie ein Mäuseschwänzchen und andere so stark wie ein Rattenschwanz. Aber alle sind unterschiedlich lang.

Aber das ist noch nicht alles. Ich habe extra da oben abgewartet und alles genau beobachtet: Und, wisst ihr, wenn die Musik ertönt, dann zittern diese Drähte. Das ist es! Die Drähte zittern und schwingen und diese Schwingungen erzeugen die Töne. Das ist alles …«

Da sagte das größere Mäusekind zu dem kleinen Mäuschen: »*Da siehst du's. Ich hab's doch gleich geahnt, dass es eine wissenschaftliche Erklärung gibt für die Musik. Es ist das Drahtzittern, das die Musik macht.*«

Und dann sagte es etwas aufmüpfig zu seiner weißgrauen Oma:

»Dein alter Glaube von dem Klavierspieler ist nichts als Einbildung. Metalldrähte, ganz normale Metalldrähte machen die Musik. Unglaublich einfach ist die Erklärung. Was Metalldrähte doch alles können!«

Seit diesem Tag glaubten die Mäuse, dass die Musik von dem Drahtzittern kommt. Nur die Mäuseoma und das kleine Mäuschen wollten nicht so recht an diese neue Erkenntnis glauben.

Eines Tages, viele Monate später, wollte auch das größte Mäusekind einmal das Klavier erkunden. Es wollte noch mehr als sein Vater in Erfahrung bringen.

Dazu stieg es noch weiter hinauf in das Klavier als der Mäuserich. Und tatsächlich: Bald brachte die neugierige Maus noch neuere Erkenntnisse mit.

»Wisst ihr, was ich da oben entdeckt habe? Papa, es tut mir leid, aber du hast etwas übersehen. Meine neueste Nachforschung hat ergeben: Ganz, ganz oben, über den Drähten im Klavier, gibt es kleine Filzhämmerchen!!«

»Filzhämmerchen«, wiederholten die Mäusegeschwister ehrfurchtsvoll. *»Ja. Und diese Filzhämmerchen springen und tanzen auf den Drähten. Und das erklärt jetzt wirklich alles! Endlich haben wir eine lückenlose Erklärung.«*

»Gratuliere!«, sagte der Mäusevater und klopfte dem Sohnemann anerkennend auf die Schulter. *»Das Draht-*

zittern kommt also von den Filzhämmerchen ...« – *»Ja, mein Sohn«*, sagte die Mäusemutter und klopfte dem Sohnemann den Staub aus dem Fell.

»Du hast es noch weiter gebracht als dein Vater. Unglaublich, was wir Mäuse alles entdeckt haben. Schön, wenn die Jugend forscht und sich nicht mit einfachen Erklärungen zufriedengibt. Nun wissen wir es ganz genau.«

»Ja!«, sagte der junge Entdecker mit vernehmlichem Stolz in der Stimme: *»Mit unserem großartigen Mäuseverstand können wir bald die ganze Welt erklären.«*

Als die Mäuseoma diese Worte ihrer klugen Kinder hörte, wurde sie ganz stumm und redete niemals mehr von dem Klavierspieler.

Die Mäuse lebten weiter vergnügt in dem alten Klavier und freuten sich jeden Tag an der wunderbaren Musik.

Noch viel mehr aber freuten sie sich über ihre unglaubliche Klugheit. Sie waren mächtig stolz auf den steilen Aufstieg ihrer Wissenschaft. Aber all das konnte den Klavierspieler nicht daran hindern, weiterhin seine hinreißenden Harmonien ertönen zu lassen.

Die Mäusekinder genossen das schöne, alte Klavier und die Musik und bildeten sich viel auf ihre Klugheit ein. Nur die alte Mäuseoma jauchzte mit leisem Seufzen dem unbekannten Schöpfer der Musik zu ...

Nun, du hast sicher mehr Verstand als die Mäuse. Es gibt keine Klaviermusik ohne Klavierspieler. Ebenso gibt es auch keinen guten Film ohne einen guten Regisseur. Er ist die alles entscheidende Person hinter den Kulissen! Ja, Gott führt die Regie, auch wenn das viele Menschen abstreiten.

Der alte König David schrieb schon vor über 3000 Jahren ein Lied, in dem es etwa so heißt:

»Wer sich einredet: ›Gott gibt es überhaupt nicht!‹, ist dumm und lebt an der Wirklichkeit vorbei. Gott schaut dennoch vom Himmel herab auf uns Menschenkinder. Er möchte sehen, ob es einen unter uns gibt, der verständig ist, einen, der nach Gott fragt ...« (nach Psalm 14)

Gott hält sich verborgen, aber er *»schaut vom Himmel herab auf uns Menschenkinder«*. Er ist der große Künstler hinter den Kulissen. Er möchte, dass wir aufrichtig nach ihm suchen.

———— ◆ ————

Hätten die Mäuse doch besser auf die Oma gehört und sich nicht so schnell mit ihren Erklärungen zufriedengegeben. Dann hätten sie gewiss den wirklichen Klavierspieler gefunden.

Genauso kannst auch du mit Gott Bekanntschaft machen. Ja! Du kannst Gott finden. Schau dich doch nur mal um. Bemerkst du denn nichts von seiner wunderbaren »Musik«?

Gott ist der Künstler, der sich auf dem »Klavier« seiner wunderbaren Schöpfung zu erkennen gibt. Gib dich nicht so schnell mit den Erklärungsversuchen der Wissenschaft zufrieden. Gott ist viel, viel größer als unser Verstand.